王寒 著

有意思

图书在版编目(CIP)数据

有意思 / 王寒著. — 杭州：浙江工商大学出版社，
2023.4
　　ISBN 978-7-5178-5445-6

Ⅰ.①有… Ⅱ.①王… Ⅲ.①笑话－作品集－中国－
当代 Ⅳ.①I277.8

中国国家版本馆 CIP 数据核字(2023)第060761号

有意思
YOU YISI

王　寒　著

出 品 人	郑英龙
策划编辑	沈　娴
责任编辑	吴岳婷
责任校对	何小玲
封面设计	观止堂_未氓
责任印制	包建辉
出版发行	浙江工商大学出版社
	(杭州市教工路198号　邮政编码310012)
	(E-mail:zjgsupress@163.com)
	(网址:http://www.zjgsupress.com)
	电话:0571-88904980,88831806(传真)
排　　版	杭州朝曦图文设计有限公司
印　　刷	安徽新华印刷股份有限公司
开　　本	880mm×1230mm　1/32
总 印 张	10.5
字　　数	134千
版 印 次	2023年4月第1版　2023年4月第1次印刷
书　　号	ISBN 978-7-5178-5445-6
定　　价	78.00元

王寒 作者简介

中国作家协会会员，中国散文学会会员，浙江省摄影家协会会员。西湖边出生，东海畔长大。爱山川风物，爱人间烟火，走过世界四十多个国家。现居杭州。

出版《浙江有意思》《大地的耳语——江南二十四节气》《无鲜勿落饭》《东海寻鲜》等著作二十余部，多次入选各大好书榜。散文作品入选多种年度选本，并被应用于各地中考、联考语文试题。策划出版了"有意思""有味道"等书系。

赵宗彪 插图作者简介

作家，木刻艺术家，非遗传承人。喜欢写写画画刻刻，出版《木上江南》《山河故人》等作品十余部，杂文连续十余年入编《中国杂文年选》，在法国纳维尔、杭州等地举办过十余场木刻展。

目录 *Contents*

● 辑一　没个正经的　　001

● 辑二　意思意思　　059

● 辑三　十面包袱　　119

● 辑四　乱弹情　　185

● 辑五　把日子过成段子　229

辑一

没个正经的

钱 包

去银行办事,看到一黑瘦汉子拎着一个编织袋到柜台,哗啦啦倒出一堆钱,堆成小山,整整一百万元。

边上的人全被该男子的气势震住了。

存完一百万元,汉子没看编织袋一眼,头也不回地走了。我真想冲着他喊一声:哎,老兄,你的大钱包忘了拿!

或 许

我在朋友圈上说:继续早起骑车。或许有一天,能够骑车穿越川藏线,或骑车环游宝岛。

林晨同学一针见血地指出:好就好在"或许",不用负太多责任。

保养

某君极注重养生,每日必在微信上发十数条"保健神帖",什么"多吃鸡蛋短命""生姜是还魂药""春食韭菜壮阳""酒煮海带杀癌细胞""搓耳垂醒脑""生脚气能排毒"。

此君上班必定步行,但走在马路的左侧还是右侧,则依据风向而定。总之,他出门必走上风口,以保证灰尘、尾气不会直冲他而来。

如此保养的结果是,他看上去比实际年龄年长七八岁。

注水猪肉

赵兄是个热血中年,献血献了好几年,这回他又要去献血。朋友好心建议道,献血前多喝几杯盐开水,血就会稀释些。

赵兄不解:干吗,我是去献血,又不是卖注水猪肉。

戏太真

　　某男欲辞职,向领导递交了辞职报告。

　　领导早看不惯他的德行,巴不得他早走,好腾出一个事业编制。但哪能手下一提辞职就同意呢,显得特没情意。于是,领导虚情假意地挽留了几句。

　　没想到,领导挽留的话语说得太动情了,手下听后,大为感动,收回辞职报告,不走了。

　　领导懊悔,怪自己演戏演得太逼真了。

代驾

　　一人醉酒后叫来代驾,等代驾到时,怎么也找不到车,才想到自己今晚赴宴并未开车来。

　　于是,坐代驾的车子后座回家。

招安

朋友的儿子非常调皮,老师常来告状,后来老师给他封了个小官——小组长,朋友的儿子从此老老实实的,很少调皮捣蛋了。

朋友说,儿子被老师"招安"了。

家乡有谚语:对狗就要撸顺毛。

比基尼系数

同事蒸蒸的爸爸是资深股民,股民都非常关心国家的大事小事。蒸蒸爸爸也不例外,他跟蒸蒸老公碰在一起,翁婿俩从中美关系扯到两岸形势、从俄乌战争扯到教培行业……

末了,蒸蒸爸爸表情凝重地说,中国的比基尼系数都超过国际警戒线了。

女婿听岳父大人把"基尼系数"说成"比基尼系数",不好意思指正,只能拼命憋住笑,脸都给憋红了。

真性情

某位官人,脾气极差,修养极差,动辄发火,跟下属打牌输了,都会掀翻桌子。他自诩为真性情。但是,同上司打牌,从来没有喧哗过。

解酒药

奔赴同学会的路上,胖老许神秘兮兮地从车里掏出一瓶药,说是刚从老中医手里拿到的解酒药。他说,同学会上免不了喝酒,有此解药,但喝无妨,不管喝了多少酒,只需吃上三颗,马上药到酒除。

同学会聚餐开始之前,老许跳将出来,大声宣布,每位同学只管放心大胆喝酒,他给每人准备了三颗药。

结果,所有吃了解酒药的男同学,都醉得不省人事。

这是解酒药还是蒙汗药啊。

情诗

夏天午睡时,手机叮当响,收到一首浓情似火的情诗——

"爱是双向选择,为爱我永不跳槽。情是独播剧场,你是我永远的主角。恋是独家代理,你是我版权所有。家是自然合伙,加盟我就不退出。如果天真的老了,海真的枯了,我只愿能与你相守千千万万个轮回……"

一看号码,是通信公司的连连发业务平台发的!

哼,搞什么名堂,大热天的,连个午觉也不让人睡安生。

遛人

大妈在小区遛狗,狗跑得快,大妈被狗绳扯得跟跟跄跄,一路小跑。

真搞不清是人遛狗,还是狗遛人!

国粹

苏美女说,她老公有个微信群,取名"国粹",让她猜是干什么的。干什么的呢?他既不会唱京剧又不会画国画,怎么会加入这么有文化的群?

后来她老公自揭谜底——麻将群。

茶人

某人供职于文化单位,才疏学浅,在一帮文化人中很难自命清高,遂平素茶杯不离手,一日牛饮数杯。

近年来,他自封为"茶人",终于找到了装一装的资本。一坐下喝茶,必大谈茶经,谈只可意会不可言传的道与禅。喝茶从牛饮改为鸟饮。开口闭口茶是国饮,号称一口茶里,有五千年的文化历史,藏着一个人的道德修养。

不成熟

师兄跟我感叹,你看人家奥巴马,上台演讲都是一路小跑上去的,啧啧,多有活力!

第二天,我去机关开会,看见主席台上有该师兄的名字牌。我以为师兄会像奥巴马一样,一路小跑上台,没想到,他跟往常一样,不苟言笑,迈着四方步,一脸严肃地走上台。

会后我问他:你刚才咋不跑步上台? 师兄道:那显得不稳重!

甩卖

逛商店,服装专柜前,电喇叭不停喊:大甩卖,最后一天。

一个月后经过该商店,电喇叭还在喊:最后一天。

国学"大师"

曾经租住在我家隔壁的房客,整日趿拉着拖鞋进进出出,他只有初中文化,字写得歪歪扭扭,大字识不得两千,平时做些小本生意。这几年摇身一变,竟然办起了国学班,形象也为之大变,戴一副金边眼镜,穿一身唐装,腕上戴一串佛珠。他招来一班童子,念四书五经,整日贩卖陈年心灵鸡汤。

据说这个国学班招生很火爆,想进班还要托关系。

笔名

作家的笔名,不是天就是野,不是山就是水,不是矛就是迪,不是马就是鸟。多么浪漫主义啊!

其实,看他们的本名,建国、建金、宏伟、官金之类,倒是很现实主义的。

淡泊

一友,刻了一印:淡泊居士。但平时哪里有热闹,哪里就有他的大嗓门。他的名片是三折页,正面写完了,还有反面,头衔十来种,除了各种协会会员,还有一个是某校某班家委会委员。

自己人

周末去爬山,碰见某位退休领导攥着锄头柄,正在山上锄禾日当午,汗滴禾下土。敢情老领导退休归田后,住山中小院,开山中荒地,在山上老有所乐呐。

跟老领导正说着话,一条大狼狗忽然窜出朝我狂吠,吓得我魂飞魄散。老领导猛然一巴掌拍到大狼狗脑袋上,喝道:"自己人! 瞎叫什么!"

我直到下山还没明白,谁跟谁是自己人呢?

传说

　　某地大力发展旅游业,怎奈人文底蕴不够深厚,领导找到我,要我给此地的景点和美食编几个传说,最好从三皇五帝说起。

　　原来有些景点的传说是这么出炉的。

念佛

　　身边某女,一年到头一身素服,手上挂一串佛珠,平日里吃素,双休日去寺庙做义工,每晚打坐两小时,从不忘菩萨生日,见人就道"阿弥陀佛"。

　　手下因小事得罪了她,她整起人来毫不手软,最后逼得手下离职。

转发

某女,单位头头,从不发朋友圈,亦从不点赞别人。某日转给我一篇党报上的文章,内容是表扬她队伍带得好,单位近年荣誉不断。

某女让我转发至朋友圈。她自己,依然按兵不动。

女领导的套路就是深。

点赞

某领导,很少发朋友圈,偶尔发一次,下面点赞的头像密密麻麻,另有一长串肉麻跟帖。

某次他兴致大发,发了一首打油诗,下面跟帖吹捧的人,把他捧成了李白再世。

过敏

刘兄吃海鲜过敏,吃到眼睫毛细的虾皮,也会满身长疹子。

刘妻吃什么都不过敏,唯独听到顶头上司的假笑声会过敏,起一身鸡皮疙瘩。

爱好

散步时遇见洪师兄。师兄早年爱好文艺,读大学时常跟我们混在一起,参加文学社团的各种活动,话剧表演、上台朗诵,都少不了他。

我邀洪师兄周日晚上去看话剧。

洪师兄却说:毕业三十年了,我现在的兴趣爱好分为静态的和动态的两种。静态的就是睡觉,动态的就是翻身。

极度

女友加入项目组,与学哲学的才子搭档。我问她:此君如何?你们配合得还顺利吗?

女友评价道:他的精神极度丰富,生活极度烂污。

切换

参加作家代表大会。有个诗人是股民,谈起"股经"头头是道。我问起他的创作情况。

诗人说:股票行情好时,我就专心致志炒股,一行诗也不写!

我追问:行情不好时呢?

诗人曰:股市低迷时,我啥股也不炒,一门心思写诗!

怪不得近年他创作进入了高峰。

私人定制

赴一场晚宴,边上坐着大名鼎鼎的企业家,全身名牌,连衬衫都是定制的,袖口上绣的英文字母,是他姓名的缩写。

朋友很羡慕,道:啥时候我也能混成他这样,做大事业,出门穿定制衣服,姓名绣在袖口上。

我道:你的名字不宜绣在袖口上。

朋友不解:为啥?

我道:不为啥,因为你姓名的缩写是WC。

牙缝宽

散步时,碰到阔太太,有四五套房,穿着十年前买的松松垮垮的旧T恤。我问她:你这么有钱,咋还这么节省? 为了财不外露?

阔太太说:我哪有钱呀? 我的钱都是从牙缝里省出来的。

我点头:噢,你的牙缝一定特宽,可以跑马!

挣钱的一生

跟记者朋友探讨生活质量和幸福指数,聊到那些只挣不花的主儿。某富豪以抠门著称,艰苦赚钱,日进斗金,却不花一文。我说,这种人死了,悼词都很难写。

该记者说,可以这么写:某某人的一生,是挣钱的一生。

报眼

某记者到某地采访,顺便拉到一版广告,当地领导还盛情款待。该记者很高兴,胸脯一拍说,回去就给你们发,登在报眼上(报眼,是指报纸报头一侧的版面,位置十分显著)。

报纸出来后,领导一看,稿子很短,而且位置是在头版最不起眼的地方。领导恼怒地说:我要的是报眼,不是屁眼!

哈 气

与同事出差到浙南某地。同事开车,返程时碰上交警查酒驾。

交警拦住车,让同事下车,说:你朝我脸上哈一口气!

同事蒙了,不用酒精测试仪,直接往脸上哈气?

但还是听话地朝交警脸上哈了一口气。交警说:使劲哈! 不使劲哈我怎么知道你喝没喝酒?

同事闭着眼,使出全身力气,朝交警脸上哈了口气。

交警闻后,和气地手一挥说:行了! 没喝酒! 走吧!

原来交警手中的酒精测试仪坏了,敬业的他改用人肉测试仪。

精神教母

参加诗歌研讨会。席间,某诗人深有感触地说,洪老诗人是我的精神教父。

很想问一句,有精神教父,可有精神教母?

博爱

做胃镜,插管几分钟,揪心般地难受。

赵兄因此想到那些被取胆汁的大黑熊,天可怜见,黑熊不会说话,又要天天被插管取胆汁,怎么受得了啊。

就在那一刻,他立志要成为一名动物保护主义者。

书画下企

经济不景气,各地纷纷推出"振兴经济N条",老同志们觉得自己责无旁贷,必须积极参与,发挥余热。

于是老同志们组团到企业,现场作画写字。打出的横幅是:书画下企,振兴经济。

渊源

某名画家来办画展。记者采用诱导式提问,循循善诱:请您谈谈与本地的渊源。

通常,外地的文化名流,提到与本地的渊源,不外乎:父母是这里人,本人小学在这里就读,在此地有一段刻骨铭心的初恋等。

该画家想了半天,终于想出一条:这里是我前嫂子的老家,可惜,我哥跟她分手了。

抵御严寒

在饭局上朗诵诗歌，是诗人的标配，不管你爱不爱听。

大冷天，饭吃到一半，某诗人掏出手机，大声朗诵起自己的诗歌："窗外寒风凛冽，窗内春意盎然。那是因为有诗歌的存在。在寒冷的冬天，我用诗歌来抵！御！严！寒！"

诗刚朗诵完，诗人就连打了两个喷嚏，喊道："服务员，把空调调高一点！"

支柱产业

老街边上有美食街，街上有一家面店，老板是文艺青年，造型有点像诗人，颊边一溜胡子，有点像土版普希金。

就冲面店老板这造型，我每次到美食街，都要用实际行动支持一下他的支柱产业——叫上一碗姜汤面。

抢劫

与朋友聊起最近发生的一起抢劫案,歹徒白天闯进家门,把钱财搜刮一空,还割掉了主人的耳朵。

唏嘘一番后,我说,要是真有歹徒上门,割去了你们的耳朵还好说,可千万别把我的耳朵割掉。

朋友不服气地问,为什么我们的耳朵能割?你的耳朵不能割?

我说,要是把我的耳朵割了,我的眼镜腿往哪儿搁呀?

忆往昔

到某地开会,打电话给老同学。老同学夫妇热情洋溢地要请我吃饭。我说晚饭会议已有安排。老同学说,那我们请你吃夜宵。

忆同学往昔,吟诗作画演话剧。看今朝风流,只剩吃饭和夜宵。

瞎 想

女友跟我抱怨，说老公逛街，一看到美女，眼珠子都转不开，不知在瞎想些什么，思想意识很成问题啊。

我说：瞎想是他的权利，你又不能把他定成思想犯！

进 补

刘姐最爱说的话是，冬天进补，固本培元。

开春时见到她，整个人像吹了气似的胖了一圈。我道，你这进补，效果也忒明显了吧，感觉跟汽车轮胎刚打过气似的。

她说，进过补精神气就是不一样，终于有力气去减肥了。

署名

朋友邀我参加一部电影的首映式。

观影时,奚师兄坐我边上,他喜滋滋地告诉我,片头有他的名字。

我"恭喜"二字还没说出口,他就谦虚地解释道,其实他也没做什么,只是讨论经费的时候,帮着说了一句,是人家硬要把他的名字放上去的。

我说:没做什么事,就有人把你的名字放上去,这就证明了你是领导。

去争的,都是闲气。往外推的,才是霸气。

莫干山头

某人在微信上晒自己的莫希干头,写了一句话:莫希干头,贼精神。

几个朋友眼花,把莫希干头看成了莫干山头。还有一个朋友,竟然看成莫须有头。

从良

与某编辑碰面,聊起他们杂志的风格。我说,你们杂志开办初期,为吸引眼球,经常登些格调不高的社会新闻。这几年,你们杂志长进了,常登一些深度文章。

编辑说,现在杂志改为上面直接拨钱,有钱了,当然要"从良"。

砸场子

去山里玩,在农家乐吃饭。菜烧得不地道,青菜太老,茄子太烂,鸡汤里还吃出一根鸡毛。

朋友道,农家菜,要求不能太高,对农民伯伯要宽容一些。要是在五星级酒店吃到这等菜,我就要砸场子了。

运动过量

陪同记者到野山鸡基地采访,野山鸡扑棱棱四处乱飞,有的飞到屋顶、树顶。

我感慨道:野山鸡飞得那么高,整日运动,生育能力肯定强,下的蛋肯定多。

养鸡场老板却说,恰恰相反,有些野山鸡运动过量,反而不会下蛋了。

记者若有所悟:原来运动过度,也会影响生育啊!

烂污人

参加某次活动,看见一个画家清清嗓,欲往地毯上"啊呸"。我提醒道:你文化人啊,可不能随地乱吐痰!

不拘小节的画家不听劝,照吐不误。吐完了,满不在乎地对我说:啥文化人,我是烂污人!

从此,我对这位画家敬而远之。

批示

师兄有批示癖,一点小事也喜欢批个示,手下人常把他的批示当成"尚方宝剑"。某日,师兄到我家喝茶,看到茶几上有一张报纸,上面是我的专栏。他扯过报纸,顺手拿起笔在我的专栏文章上圈圈点点。

我让他不要在报纸上随便写字,师兄问:为啥?

我说,怕你手下的人,把你写的几个"鬼画符"又当批示了。

限行

开车去办事,远远看到路边一个牌子,写着"银行"几个字,心想,这银行广告都做到车道上了,看来银行的竞争已趋白热化。

车开近一看,原来不是银行,而是"限行"二字!

发型

与熟人在街上偶遇,跟他多年未见,亦未联系,此番见他剃了个莫希干头,穿了件洞洞衫。惊异之下问:你没在机关混了?

熟人道:你咋知道?

我说:机关男的服饰是"厅局风"的,头发都是循规蹈矩的,不是三七开,就是五五开,像你这样剃成莫希干头的,不是艺术家,就是混子。

因公致肥

苏美女天天喊忙,忙的结果是,她双下巴都出来了。她整日说要瘦身——瘦身跟减肥是一码事,但她听到"肥"字觉得刺耳,故用"瘦身"一词,说自己再不瘦身就变成米其林轮胎了。

她清楚自己的忙是瞎忙,也知道自己是多吃少动长的肉,却跟老板叫苦,说自己是"过劳肥"。偶尔加一次班,必发朋友圈昭告天下。

感情分

朋友约我去某地欣赏秋景。陪同的还有当地的两位领导。两位领导平素"宝相庄严",这会儿却也生动活泼得很,一路上不停地向我们推荐此地风光,希望我多写文章宣传。

领导问我:对此地风景印象如何?

我说:加上感情分,可以打九分。

领导让我去掉感情分,再打。

我说:那就没法打了。

茶垢

画家朋友请我到他家里做客,看他收藏的书画。

喝茶时,我发现茶杯上积了厚厚的茶垢。

画家道:茶垢多,证明我喝茶历史长。

怪不得画家们都留着大胡子,是用来证明他们做人的历史长吧。

回忆录

聚会时碰到一个女友,女友说老了要写回忆录。

我劝她别费那个劲。

女友问:为啥?

我说:你人生经历不坎坷,初恋就修成正果,嫁个老公从一而终,在一个单位工作三十年。没有初恋、再婚的经历,不跳个四五回槽,写出来的回忆录怕是淡如白开水,最多三千字就可以写完了,如何出书?

神经

一个朋友,在省级媒体供职,值夜班值成神经衰弱。

另一个朋友,同样供职于媒体,反其道而行之,夜班值多了,神经比钢筋还要强悍。

英雄美人

师兄回老家省亲。每次他来,朋友们都倾巢出动,像瞻仰大人物一般瞻仰他,好几次险些发生人群踩踏事件。前几年,他老是打击师姐师妹:美人迟暮,是多么不堪的事啊。

今儿个,看到他白霜满头,我们终于可以解气地说:美人迟暮,固然不堪,但英雄白头,好像也不是什么值得骄傲的事啊。

叔伯同学

饭桌上,有几张陌生面孔。主人向我介绍,某某、某某某都是他同学。

我追问:是嫡亲同学,还是叔伯同学?

所谓嫡亲同学,是全日制学校的同学;所谓叔伯同学,是培训班、中青班之类的同学。

当然还有表亲同学。只是一表三千里,一时想不起学校在哪里。

热爱艺术

洪师兄正色道,我觉得你一点也不热爱艺术!

我一直觉得,我热爱艺术,艺术也相当热爱我。没承想,洪师兄手持孙悟空的金箍棒要一棍子将我打死,现出我"不热爱艺术"的原形来。

洪师兄逼问:你的相机多少钱一台?

我道:买下时三四千元,现在只值一两千元了。

洪师兄轻蔑一笑:哪有热爱艺术的人相机才一两千元的。怎么也得上万,否则就不配叫热爱艺术!你看那谁,一台相机十多万元!

我问:他拍出什么惊世之作了吗?

洪师兄道:暂时还没有。

发烧友

朋友搬新房,我去做客。主妇放起了音乐。我说,音响不错,要一万元多吧。

朋友骄傲得跟只公鸡似的,响亮地蹦出几个字:再加两个零!

怕我觉得他在摆阔,赶紧解释道:我们是音乐发烧友,发烧到四十几度,已经到了打摆子的地步了。

我说:那是发癫了。

成熟

多年不见,老李不改话痨本色,一碗饭,基本上是用唾沫星子拌着吃下去的。

我问老李:这些年,生活有变化吗?

老李说:有的,我现在成熟了,以前说人话,现在说鬼话。

听课

校长去听小杨老师上课,小杨老师上着上着就借题发挥了:在学校,一般来说,懂语文的教语文,像我;学生物的,就教生物;什么都不懂的,当校长!

几十年后,小杨变成了老杨,新校长去听老杨的课,杨老师上着上着又借题发挥了:在学校,一般来说,懂语文的教语文,像我;学生物的,就教生物;啥都懂的,当校长!

变化

傍晚,小区中心花园,一帮中老年妇女边锻炼边聊八卦,师兄混在其中,如万花丛中一株草,练得不亦乐乎,聊得不亦乐乎。

想当年,他清高单纯。女同学开句玩笑,他都会脸红。如今他说段子,比当年背古诗还顺溜,能让久经沙场的大妈哈哈大笑。

年龄

某君的年龄,跟保密局的文件一样,向来秘而不宣。饭局上,无论好事者是迂回曲折还是直奔主题,某君愣是顾左右而言他。

最近,我破解了某君的真实年龄之谜,起因是某君敬酒时,西装袖口里露出一截红色棉毛衫——本命年,要穿红。

某君说我具备当特工的潜质。

称呼

某君当通讯员时,态度很谦恭,见了我,一口一个"王老师"。那时我年轻,很多人叫我"小王"。

几十年过去了,别人都叫我"王老师",他称我为"小王"。

他已成为领导。

稳重

师兄天庭饱满,地阁方圆,印堂发亮。年轻时,师兄清瘦如竹竿,人到中年,师兄发达了也发福了,裤腰系得高高在上,同学们一致认为,师兄很有领导范儿。

师兄早年,语速极快,步速极快。当领导多年后,语速和步速慢了很多。他说,讲话太快,显得不稳重。你看哪个大领导,讲话是像你一样,哒哒哒,打机关枪似的?

附庸风雅

每回我要去听交响乐、看话剧什么的,赵兄就说,呵呵,又去附庸风雅了。

是的,我附庸风雅几十年了,时间久了,我感觉这风雅像鬼魂一样,上我身了。

同学会

开一次同学会,感慨一次。年轻时的腹肌,变成了一团肥肉。饱满的额头,爬上了皱纹。头发如秋风扫下的落叶,不爱头皮爱地皮。当年清纯的少年少女,如今面相混沌,目光涣散,一身油腻。

最热衷开同学会的,不是当年的班干部,而是当年不被看好,如今混得风生水起的同学。嗓门最响的那个,往往腰包最鼓。

入世

周末看画展,碰到一个方丈。正闲聊,有电话进来。方丈接了个电话,对电话那头发布指令:这个事情一定要认真对待,要协调方方面面的关系,把它处理好。

佛门净地的人,说起场面话来,也是有板有眼的。

缺啥补啥

作家们聚会，一晚上的话题围绕着房子和赚钱。师妹不解，文化人在一起应该谈文化呀，怎么净谈房子和赚钱？

我解释道，谈文化的是商人，谈房子的是文化人。

师妹不解地问，为啥？

我说，祖国传统医学早就说过了，缺啥补啥。

含饴弄子

杨师兄离婚后，迎来了第二春，生下一子。

师兄老来得子，喜不自禁，"儿子"二字常挂嘴边，整日抱着儿子不肯撒手，跟我夸口"有儿万事足"。

人说含饴弄孙，我说师兄是"含饴弄子"。

重大发现

我跟医生朋友说,这次胃痛,我有个重大科学发现。

医生问:什么重大发现? 别像上次一次,跟我说有重大发现,结果发现老母猪是双眼皮的。

我说:这回是人文上的重大发现,我经过仔细考证,发现西施的捧心,其实,可能是胃病引起的。

医生说:这个不用你来发现,我们医生已经讨论几千年了!

富矿

去电影院看电影。

边上坐着一个胖子,从电影开场直到散场,一直是看电影不息,挖鼻孔不止。我感叹某些人的鼻孔就像一座富矿,怎么挖也挖不完。

谈话

老领导退休半年,邀我到他家喝茶。

去他家时,老领导正追着小孙子喂水果。当年叱咤风云的一方豪杰,如今成了慈眉善目的好爷爷。

小孙子淘气得不得了,绕着桌子边吃边玩。老领导追得不亦乐乎。

老领导一把攥住小孙子说,你再淘气,等下我要找你谈话!

饭局

赴无趣的饭局,煎熬到最后时刻,善解人意的组局者说,我们来个大团圆。于是,一干人马起立,举杯。大家做好了撤退的心理准备。

没想到,大团圆后,席中大佬重起话题,于是全体坐下来,又陪聊了半天。

猪头琴

与蒙古族美女格格闲聊,我说:汉族人骨子里不如少数民族人快乐,懂得享受生活。

格格问理由,我道:蒙古族人有马头琴,汉族人却没有猪头琴、锄头琴。

大蒜嗝

在一楼等电梯。

电梯下来了。正待关电梯门,挤进来一人。他干咳,清嗓,挖鼻孔,忙得不亦乐乎。冷不防,打了一个嗝。不是一般的嗝,而是大蒜嗝!打得气冲云霄,打得余音袅袅。

这大蒜嗝打得好生厉害。三尺之内,浓烈之气熏得我头昏脑涨,俨然比瓦斯弹还要厉害。

致富经

王大妞一回家,就拿起遥控器打开电视机看中央台的《致富经》,老公说她:你整天看《致富经》,也没见你发财呀!

王大妞嘴一撇:你整天看《动物世界》,也没见你变成野兽呀!

说来不来

虽说是"十防九空",但每次说有超强台风要来,领导们都严阵以待。有时候,台风如约而至;有时候,台风却爽约不来。

某次,超强台风预计在温岭石塘登陆,结果拐了个弯北上了,市里一把手在抗台指挥部纳闷地自言自语:台风说好了在台州登陆,咋又变卦了呢?

言语间,好像还怪台风不守信用。

得意

以前,有人镶了口金牙,说话喜欢用开音节的词,笑起来一定要露出八颗牙。现在有人买了大钻戒,吃饭时就格外爱翘兰花指,还爱作托腮凝思状;若是脚上穿了一双名牌皮鞋,就很愿意把脚顶在头顶上。

摆谱

想当年,某君挑着两担砖健步如飞,小小一个公文包又何足挂齿,可现在身份不同了,他要等专门替他拎包的人来。秘书拿了包,趋前几步,立于门旁,让他昂首出门,又紧走几步,替他开电梯门。到了车前,他仍按兵不动,要等秘书开好车门,手护住车门顶,才泰然进去。

习惯了。

直播

领导玩直播，带货助农。忙了半天，卖出十单货，九单是手下买的，一单是老婆买的。

土鸡

一哥们办了农家乐，邀请我周末去他那里乐上一乐。

我问：你那里有什么好吃的吗？没好吃的我不去！

哥们说：有！土菜！土鸡！

我纳闷：哪来那么多土鸡？

这哥们狡黠一笑：嘿，我隔三岔五从菜场上买些鸡，在山里放上十天半个月，就成了土鸡。要是再放上十天半个月，还可以变成野鸡！

露脸

朋友参加一个重大活动,央视来拍摄活动镜头。播出后,朋友在镜头里露了一下老脸,转瞬即逝。

朋友高兴得在朋友圈里昭告天下:感谢天感谢地,感谢央视让我露了一回脸。

我建议:让央视定格这个镜头。

改变

某女原先买瓶粉底都舍不得,在家只用黄瓜片贴脸、用剩牛奶涂脸,忽然有一天说,除了雅诗兰黛和资生堂,她对别的化妆品都过敏。

别奇怪,最近她跟一个富翁好上了。

新闻体

一件事,可以有多种表述方式。

暮春时节,海外侨胞王兄回国探亲。

新闻体:在杭亲友团一行亲切会见了旅居海外多年的加籍华人王兄。双方就共同关心的国际和地区问题交换了意见,就加强亲人之间的联络和沟通,推进教育、文化、旅游等领域的合作达成了意向。杭州亲友团希望双方进一步扩大人文交流,希望海外华人常回家看看,感受祖国和家乡的变化。会谈在亲切友好的气氛中进行。

简单说:我哥回国探望老父。

下 笔

让朋友写稿,给他一周期限。没想到第二天他就交了。我看了他的文章,猛赞道:下笔如有神。

朋友谦虚地说:是下笔如有神经病啊。

想坏坏不成

车库的门又被堵了个严严实实。我怒发冲冠。朋友说，对这些找麻烦的人，讲道理是没用的，你索性把他轮胎的气放了。

我叹了口气，说，我是属于想坏却心有余而力不足的那种人，一不知道气嘴在哪，二不知道如何放气。

笑话

某领导很爱讲笑话。每次说上一句并不好笑的笑话，全桌人都得奉上两至三声不等的干笑。领导以为自己幽默，于是每次饭前都像饮开胃酒一样，说上几个段子与众人同乐。有人有幸与此领导共桌六七次，不幸听了六七次同样的段子，奉上六七次同样的干笑，第八次，他再也笑不出来，就用手把两腮的肉往上托了托，挤出点笑纹，以示敬意。

看房

陪朋友夫妇看房,售楼小姐推荐买最高的三十层。

朋友问:住太高,会不会有危险?

售楼小姐反问:你指的是什么危险?

朋友道:安全上的。

售楼小姐开玩笑:你打算跳楼的话,二楼也危险。

朋友妻道:是啊,这房子层高挺高的,又有架空层,二楼跳下去,估计也会直接"挂"了。

朋友说:直接"挂"了倒痛快,就怕"挂"不了,半身不遂,害你后半生受累。

我问朋友:你们夫妻这是看房呢,还是准备后事呢?

买房

一同事跟我聊起买房的事,说她叔叔眼光超好,买哪涨哪。她说,叔叔在北京的房子涨了三倍,在上海的房子涨了四倍,在杭州的房子涨了两倍。

我说:你叔叔实力很强啊,是干什么的,开煤矿的还是搞投资的?

她慢吞吞解释道:不是,我有三个叔叔,分别在京沪杭工作。

拍卖

参加一场艺术品拍卖会,遇到林美人,问林美人:拍下啥宝贝了?

林美人说:拍了一件一千万元的艺术品。

边上的人纷纷向她投以艳羡的眼光。

我叹服于林美人的实力,暗自感慨道:这等富婆,平素不显山露水,在我身边竟然隐藏得那么深。

没想到,林美人接着又补充了一句:我是用手机拍的。

官腔

这是朋友老朱讲的一个段子。

某君原先口才奇好,口若悬河,一泻千里,几年间,他连升几级后,"这个""那个""啊"之类的官腔也就越发地多,拖音越发地长了。通常他一开口,"这个""那个"就会以每五秒一次的频率出现在他的即兴发言中。

一次酒后,他喝得酩酊大醉,被扶到主席台上,坐定后,拿起话筒说:"这个这个,让我们共同举杯。"

秘书看到,赶紧把他扶到厕所去醒酒,这位领导坐在马桶上又冒出一句很有力度的官腔:"问题不大。"

秘书看他实在不行了,就将其送回家。领导的老婆帮他脱鞋并把他扶上床,没想到领导亲切地抚摸着老婆的手,又冒出一句:"啊,您贵姓?"

老婆生气地把他双手一甩,他很有气度地冒出一句官腔:"我说你这个同志,要正确对待群众意见嘛。"

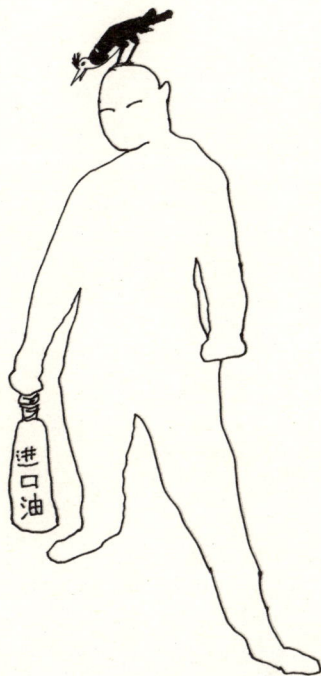

辑二

意思意思

字不好看

单位招人,先笔试后面试。笔试的试卷上,一才子写道:"字不好看,请见谅,但我敢说本文写出了很多不一样的东西。"

我看了一遍,又看了一遍,没看出啥不一样的东西。

俄罗斯洋谚云:太阳底下无新事。

观影

周末看电影。边上的平头男,从电影一开始就在打电话,嗓门震天,讲个没完没了。

我投之以白眼。黑暗中,许是两颗白眼的杀伤力不够强,平头男继续扯着嗓子高谈阔论。终于有个猛男忍耐不住,跳将出来怒喝:这里是电影院,不是给你开"电话会议"的!

终于耳根清净了!

无趣

偶遇一友，问他：久未露脸，到哪潇洒了？

朋友说：生了场病，住了一次院，休息了整整一个月才上班。

我赶紧送上诚挚的慰问。

朋友哀叹道：医生嘱咐不能喝酒。从今往后，我就是个无趣的人了。

我说：你以前也不怎么有趣啊。

铁板牙

见到一个门牙奇大的男人，两颗门牙就像两扇大铁门似的，有一夫当关万夫莫开之势。

师兄神神道道：别看他的两颗门牙大而且龅，老话说，这种牙叫铁板牙，长铁板牙的人，命好！

边上一美女道：我情愿命差，也不要铁板牙！

抢病人

报社要拉广告,银行要拉存款,医院则要拉病人。一友,母突发疾病,急打120。

未几,本地三家医院——中心医院、市立医院、中医院的救护车,"呜呜呜"叫着,闪着蓝灯,从不同的方向,开到他家楼下。

茶道

苏美女拽着我去茶室喝茶。

早两年我就放风给她,说想学天台山茶道,许诺学成后请她来家中喝茶,以天台山茶道招待她。

看到服务员行云流水的沏茶招式,苏美女若有所悟,朝我发问:茶道学会没有?

我说:学了一招。

苏美女问:哪一招?

我示意:学会了翘兰花指。

没钱

我朋友,一个月抽烟抽掉2000元。我问他平时出不出去旅游,他说,没钱,不去。

我说,抽烟有害健康,要是不抽烟,这2000元用于旅游多好啊。

朋友正色道,我不旅游,能活得好好的,要是烟不抽,我会没命的。

废话

外单位邀请我去讲课,我一口气讲了个把小时。课间休息时,主持人相当体贴,泡了杯参茶给我,关切地问,上课讲这么多话,挺累的吧?

我喝了美女泡的参茶,就不好意思像上次一样,说什么元气大伤的鬼话了,赶紧道,不累不累,平时讲的废话比这还要多!

土豪

　　朋友请吃饭，桌上有位真性情的土豪。土豪穿着杰尼亚的西服，手腕上戴着一块金闪闪的劳力士名表，LV的皮带箍着肥腰。

　　吃得高兴，谈得入港，他一转身，"哼"的一声，一泡鼻涕擤在地毯上。

　　果然真性情。

奋斗

　　朋友带我参观他的郊外别墅。他说，十年前，这里的第一期别墅只要四五千元一平方米，现在要四五万元一平方米。

　　十年前，他手头有一百五十万元，可以全款买一套别墅，他没买，他用这笔钱创业。

　　十年后，他终于辛辛苦苦挣到了一千五百万元——这笔钱，刚够全款买一套这里的别墅。

　　一转眼，十年青春已逝。

坐 台

有急事,打电话咨询师兄,师兄三番五次掐掉电话。未几,收到他的短信,说:"坐台中"。

我说:"事急,出台后速来电。"

坐台者,坐主席台也。出台者,散会走下主席台也。

知识女性

到贵州旅游,见有少数民族的服饰出租,一时来了兴致,穿着苗服拍了几张立等可取的照片,自认为很有少数民族风情。

扬扬得意地把照片拿给赵兄看。赵兄说:哪有戴眼镜的苗女?

我说:就当我是苗族的知识女性好不啦?

赵兄认真地说:在古代,这个部落的知识女性多半会巫术。

悼词

朋友找到我,请我帮忙写一份悼词,说单位有个退休职工得了癌症,已是晚期,进了ICU,眼看着就不行了,领导让他负责后事。朋友觉得应该早做准备,以免措手不及,所以找我帮忙。

我随手从报纸堆里找出一张登有悼词的报纸,递给他说,天下悼词一大抄,你自己看着抄去吧。

过了几天,我朋友打电话来,如释重负地说:悼词写好了。

我问:你同事去世了?

我朋友说:还没呢。

香火

自从大城市买房要摇号后,每当好楼盘要开盘,寺庙的香火就格外盛。

普 度

王大妞与大学老师一起吃饭。老师当年是大学校园里著名的帅哥,如今弃教从政多年。

王大妞问老师,您家千金考入美国哪所大学?老师说:普渡大学。

王大妞没听说过普渡大学,以为是美国的一所佛学院,就说,读佛学院干吗万里迢迢去美国,天台山佛学院就挺好的,一样可以普度众生嘛。

我赶紧让她打住:普渡大学不是美国的佛学院,它是名校,培养了很多航空英雄和科技人才,就是没有培养过和尚尼姑。

跳大神

梅雨季,大雨下个不歇,马路上冒出很多坑坑洼洼。每次开车经过,我都感觉自己在跳大神。

讲座

找苏美女散步。苏美女说没空，要打造学习型单位，正在布置会场，等会儿某教授要来单位开讲"修身、齐家、治国、平天下"。

我嗤笑，省省吧，此君离过两次婚，第三次婚姻也岌岌可危，前后三个老婆都搞不定，修的啥子身、齐的哪门子家呀？

评价

朋友组局聚餐。他人缘好，大家夸他，是一个高尚的人，一个纯粹的人，一个有道德的人，一个脱离了低级趣味的人。

朋友忙不迭地摆手：这段话你们现在不要用，等以后开追悼会时再给我用。

狂犬会

打电话给赵兄。赵兄声音轻得像蚊子叫。问他在干吗,说在开会。

问开啥会,答曰:开狂犬会。

只知道有作家大会、人代会、家长会之类,来的是作家、人大代表、家长。这个狂犬会,不晓得来的都是谁?

假发

我女友与领导同坐一车出差。领导戴了假发,他平素伪装得很好,朋友根本不知道他是"姬根发同志"。

半路上,司机一个急刹车。

朋友吓得尖声狂叫,头掉了头掉了!

领导镇定地说,不是头掉了,是假发掉了。

微言大义

所谓微言大义、春秋笔法，说白了，就是胆小怕事，不敢学焦大骂街，只能指桑骂槐。别人不一定看得懂，自己却非常得意。

接驾

领导出门办事，驾驶员开车过来接驾。领导开了车门，正欲坐进小车，接到一个重要电话，怕被人听到谈话内容，"砰"地关上车门，站在车外接。

驾驶员听到开门关门声，以为领导已经坐进车里，油门一踩，绝尘而去。

开了几十公里，开出了城，才发现领导没在车里。

艺术特色

小邱师妹发来她的大学毕业论文,论文题目是《王寒散文语言艺术初探》,洋洋洒洒,写了一万多字,概括了N个要点。她的导师李教授是我好友,来电让我好好给她指点一下。

我很惭愧,我写文章历来是信笔写下,没考虑到啥特色不特色的,故"指导"二字无从谈起。难为了小师妹,概括出我的语言有那么多的"艺术特色"。

记得朱自清《荷塘月色》里有一句话:"这几天心里颇不宁静。"研究者解读道,不宁静是因为国难当头,朱自清忧国忧民。实际上,是因为那几天朱自清跟老婆大吵了一架,故"心里颇不宁静"。

刀背

女友跟我讲理财,谆谆教导我,钱要用在刀刃上。

听了女友的话,我很惭愧,因为我的钱,总是用在刀背上。

出差

大冬天出差。同事得知我要去北京,纷纷建议道:带口罩带口罩! 带围巾带围巾! 带羽绒服带羽绒服!

我说:干吗,我是去北京开会,又不是去抛头颅洒热血。

苏美女硬是塞给我一盒口罩,说,北京最近十面"霾"伏,只有戴上口罩,你一个外地人才能找到首都人民的那种感觉。

僵尸

有个天台朋友,第一次见面自我介绍说自己是"僵尸"人时,吓了我一跳。后来才知道,是天台张思村的人。天台话里,"张思"跟"僵尸"一个样。

高瘦

饭后与友人同去市民广场散步,从唐诗之路的诗人群雕前走过,友人发现杜甫、贾岛等诗人的雕像皆又高又瘦,表情悲苦。

友人问:为何雕塑中的诗人都是又高又瘦,现实中的诗人多是又矮又胖?

这个问题难度有点大,我回答不了。

只能说明新旧社会大不相同。

修行

飞北京碰到霜见,正好座位连在一起。老友相见,分外激动,我们在飞机上聊得热火朝天,除了吃飞机餐外,嘴巴就没闲着,从传统媒体走下坡路聊到网络新媒体的崛起,从新闻聊到金融,从微信聊到抖音,从摄影聊到电影,从某人离婚聊到某人再婚,从身边小事聊到国家大事。我们感叹自己知识面之丰富,快赶上盗版的百科全书了。

末了,霜见发出一句很文艺的感叹:我们难得同坐一趟飞机,这叫千年修得同机飞啊。

勇气

刘姐是女强人,说起近几年吃过的苦头受过的罪,我听了都受不了,她却声色不动。

挺佩服刘姐的,打落了牙齿,不只和血吞,还有勇气拿出来把玩。

回信

苏美女接到领导发来的微信,领导叮嘱苏美女抓紧办某事。

苏美女回道:好的。

消息是手写输入的,因为太潦草,结果发出的消息不是"好的",而是"妈的"。

领导回复了一个"?"。

肉上

发消息邀闺密看电影,闺密回消息道:好些年没进影院了,我看电影,都是在肉上看的。

收到微信,没闹明白,什么叫在肉上看?

一琢磨,明白了,敢情这马大哈把"网上"打成了"肉上"。

肛肠寸断

问女友长假在哪快活，她回消息道，我哪儿都没去，天天在家守着电视机看苦情戏，看到伤心处，真是肛肠寸断啊。

她把"肝肠寸断"写成了"肛肠寸断"。我建议她去医院肛肠科看看。

发呆

周美女在新西兰逍遥快活了一段时间，回来后跟我大发感慨，说那地方空气如何清新，牛奶如何鲜美。她建议我去那里圈他个百顷地，草美羊肥的，再弄个大房子，可以成天在阳光下看书看天、发呆发傻。

我问她，你在新西兰看过几本书？

她赧然，一页也没看。

狗奴

女友潇洒,前些年发誓不当房奴不当孩奴,三十好几了,她不生娃不买房,有钱就去周游世界。

我到她家做客。刚到门口,她养的小狗就欢跳着出来迎接。

女友深情地抱起自家的爱狗,感慨道:为了它,我现在很少出远门了,就算出远门,也要自己开车,好带上它。

我说,你这不是"狗奴"吗?

麻将和胃痛

小吃摊上,朋友咬着烧饼跟我说:我这几年搓麻将没日没夜,把胃搞坏了,吃了很多药,还是好不了。现在我忍痛把麻将戒了。

我问他:现在你的胃好了吗?

他说:没有。麻将白戒了。

领导拍照

朋友陪我看摄影展,看到一幅照片,挂在展厅最显眼处。朋友说是他领导拍的,我仔细一看,构图、色彩,可圈可点。我大为惊奇,在我印象中,该领导与艺术绝缘,没想到多年不见,照片拍得那么好,艺术修养提高了那么多。

朋友嘴一撇,说,领导喜欢上了拍照,累坏了小的们。要替他扛相机,要把三脚架安好,要构好图,取好景。这样领导一来,只要按一下快门就行了。

读漏了

某领导很忙,一天赶场子参加好几场会,讲话稿都来不及预先看一遍。

有一次,照本宣科时,多翻了一页,于是,读漏了一页,自己竟然没有发觉。

唾沫经济

高教授到处讲课，"唾沫经济"十分红火，腕上戴的是六位数的劳力士表，从上到下一身名牌。

周美女问我，有些教授又寒酸又土气，为什么高教授又帅气又多金？

我说，因为别的教授研究的是"泡沫经济"，高教授研究的是"唾沫经济"。

百毒不侵

说到毒奶粉、毒胶囊的危害，赵兄道：我们小时候，有毒的东西其实不比现在少，那时头上长了虱子，家长不懂，会倒些敌敌畏、六六粉在我们头上，直接灭虱，这玩意儿毒性其实也很大！

我感叹道：你从小被毒水泡过，难怪现在百毒不侵。

环城路

出机场,打车去酒店。

我问女司机,要去的酒店在哪条路上?

女司机操着一口不标准的普通话说:黄泉路上!

又问:在哪?

回答得更有力:黄泉路上!

再问,原来是环城路上。

讲话稿

秘书给领导写的讲话材料里,有一句"下面可能有掌声",提示领导在此稍做停顿,等待下面掌声响起。

没想到,领导在读讲话稿时,竟然把这句话读出来了!

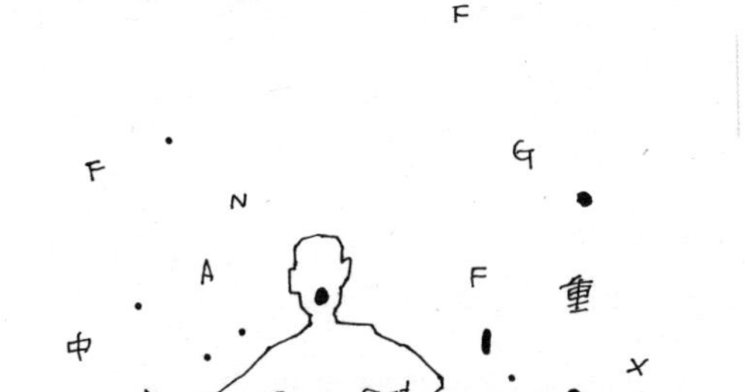

起落

出席一场晚宴,我们这一桌,因为主位坐着几个"资深"的人,才开宴,敬酒的人就来了一拨又一拨。

我们只好不停地站起,坐下,又站起,又坐下。好像飞机不停地起落。

有位老人家,长得很有排场,但行动不甚方便,每次站起坐下,都得颤巍巍地扶着桌子,我看着觉得累得慌。每每有人来敬酒,我都要在边上搀他一把。一晚上,搀了他十来次。

我觉得自己不是来吃饭的,是来当活雷锋的。

耸肩

女友去了国外,当陪读妈妈,问她出国几年学到了什么,她说啥也没学会,就学会了耸肩。原有的肩周炎居然不治而愈了。

灵魂工程师

女文青问我，灵魂工程师，除了教师、作家外，还有什么人？

我说：庙里的和尚、街头看相算命的人，也算。他们常开导别人，化解别人的烦恼，也是拯救灵魂的人。

狼狗

参加一个会，是关于企业文化建设的。坐我边上的一位老总发言，他"狼狗""狼狗"了老半天，我没听明白。

待他讲完，扯过他的发言稿一看，原来不是"狼狗"，是"LOGO"。

我不要

某人,老是接到手机短信,要求他订彩铃,他不胜其扰。当第 N 次接到订彩铃的短信时,他恨恨地回了一句:我不要!

几秒钟后,短信回来了:您的彩铃《我不要》已订制成功。

举报

说起冒名,想起前几年,有人实名向纪委举报某某局局长有贪腐行为。举报信上署的,是我的大名。

纪委同志本着高度负责的态度,打来电话向我核实情况,我才知道有这茬事。天杀的,坑人呐。

如果举报有奖金,不知道他们还会不会冒用别人的名?

晚餐

某位养生大师来讲课,说早上要吃得像国王,晚上要吃得像乞丐。

身边的胖妞跟我嘀咕:我又不是丐帮弟子,吃得跟乞丐似的干吗?我好不容易爬到食物链的顶端,可不能自降规格。

排烟

一同事,烟瘾甚大,抽烟一根接一根,抽完一包烟,只需费一根火柴。当他再次跟我吹嘘家乡空气之好,好到可以洗肺时,我说,再怎么洗肺,也架不住您老人家这么生猛地抽烟啊,吸烟最是伤肺了。

他拍胸脯道:别人抽烟伤肺,我抽烟半点也不伤肺,因为抽时烟都从鼻孔排出去了。

自豪感

朋友王总，房地产商。他说，开发房地产，其实挺有职业自豪感的。如果有了外孙外孙女，就可以指着这些房子告诉他们，这是你外公当年开发的。

房地产商的职业自豪感，比报人强。新闻一过夜，就是旧闻；报纸一过夜，就是废纸。就算报人的文章写得再好，也不好意思从废纸堆中掏啊掏，掏出一张发黄的废纸对孙子孙女说，瞧，这是你奶奶我当年写的锦绣文章。

十有八九，孙子孙女会问：真的吗？

讲究

自从地沟油冒充菜油事件曝光后，我朋友，讲究人，他在饭店请客，竟然自行拎着一小桶色拉油。

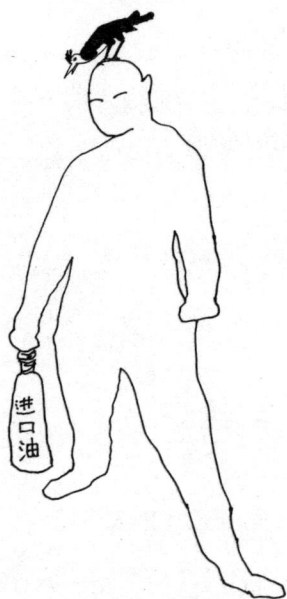

同名

松松问我最近是否在练瑜伽,我说我除了脑力运动外,没有做过别的运动。

松松说,奇怪了,我同事练瑜伽,有个练瑜伽的好心人把她送回家,自称王寒。

我更奇怪了,这年头,做了好事,不说自己是雷锋,竟然说是王寒? 难道我的英名赶上雷锋了?

后来一查,本城与我同姓名的女性同胞居然有五个。

还有我

某领导主持会议,先介绍主席台上的各位领导,他是这样介绍的:出席这次会议的领导,有某某,某某某,某某,还有我!

演说

　　某作家协会换届选举。小说家郑主席在告别演说中,悲怆地说:岁月流逝,我的脸不再是一张白板,而成了麻将中的九索。

　　多愁善感的张诗人听了,当场伏案痛哭。

　　我却没心没肺地笑了。

发誓

　　《上邪》中,那个痴情的女子对情郎发誓道:除非高山夷为平地,江水流干至枯竭;寒冬惊雷乍响,炎夏天降大雪;天地合而为一;这些根本不可能的事发生了,我才敢同你断绝关系。

　　在西北某省旅游,六月降温下雪,再看沿途,青山因采矿被炸平了山头,江水因采沙变得枯竭,看来《上邪》中的誓言亦不靠谱,她和那个他,差不多也可以分手了。

代表

某些文人一开口，言必称天下，一说话，就是我们老百姓如何如何，一提笔，就是我们中国人如何如何。

谁授权他代表全体老百姓、全体中国人的？

独笔春

师弟陈永君说自己书法功底十分了得，还获得过书法大奖。

我对他的狗爬字能获奖抱怀疑态度。师弟十分得意地把宝贵经验传授给我：学书法是有窍门的，得奖也是有诀窍的。他学书法，别的字不练，单挑一个"春"字练。书法大赛时，他别的字不写，光写那个练过千百遍的"春"字，结果"春"字一出手，就赢得评委的喝彩。

人家王羲之有独笔"鹅"，他则是独笔"春"。

快活

问女友:最近日子过得快活吗?

女友答:快倒是快,也活着,但就是不快活。新近换了个变态的领导,被折磨得连死的心都有了。

志存高远

去看车展,碰到一朋友,问她看中了什么车。

朋友说:看中了1200万元的宾利。

我说:也不掂量掂量自己有几个子儿,竟然对这种豪车感兴趣。

朋友说:我"志存高远"还不行吗?

痛快

请某位专家来讲课。他说：这年头要做出正确的选择，就要少看电视，少看报纸，少听广播。他说：对太好的事情，一定要多留个心眼。他说：不要太把专家当回事。自己的主见比专家的意见重要得多。他说：独到的眼光是可以赚钱的。

很喜欢这样的专家，洞明世事，不糊弄，而且，说话有趣，做人痛快！

真才子

才子见过不少，有些所谓才子，其实是书呆子。在我看来，摇笔杆子的人，写得一手好文章，是本分，不是本事。

真正的才子，既写得一手好文章，也是做人做事的高手。

差点小钱

朋友让我陪她去看排屋,问售楼小姐,临湖的排屋多少一套?

售楼小姐说,不多,全部办好一千二百万元。售楼小姐劝朋友买一套,说住在这里面朝大湖,春暖花开。

朋友说:当然要买的,只是差点小钱。

售楼小姐问:差多少?

朋友说:不多,就差一千万。

绝交

我一个张姓朋友跟另一个朋友绝交了,当年朋友劝他买江景房,三百万元一套,他嫌贵没买。

现在江景房涨到二千万元一套。他怪人家当年没有用刀逼着他买房,害得他错失了发财机会。

与时俱进

某师兄喜用"与时俱进"四字。

我问他：用网银吗？用微信吗？当过微商吗？听过腐女、庐舍、千足虫、学租族、三不女、布波女、萝莉、洞穴族、卧槽族、睡商、比特币、毕业裸奔、公家男人、牛奋男、学士后、海投、长草族、风投吗？

师兄把肥头大耳摇得跟拨浪鼓似的。

我说：你先把这些弄明白了，再跟我谈与时俱进吧。

放生

早上散步，看见有个老妇人在路边脏臭的小水塘里放生几条鱼。

把鱼儿放生在这种地方，鱼儿真是生不如死啊。

面相

我好友,副业写诗,主业开网店。网店开得很成功,已经是皇冠级的了。

我说:一看你这张脸,我就知道你开店会成功。

他问:为啥?

我说:虽然你内心质朴,却长了一张奸诈又精明的脸,从面相上看,就具备了生意成功的潜质。

WTO

某女驰骋官场多年,每逢讲话稿中有WTO这个词,她不是读成"大不流涕噢",而是读成"大不流兔",敢情她把"TO"看成一个单词了,在招商大会上也是"大不流兔"个没完,幸好没有读成WC!

能工巧匹

某领导眼神不济,某次现场会发言时,硬是把发言材料中"这里史称浙东三桥,有许多能工巧匠"的"能工巧匠"看成"能工巧'匹'"。

看错了倒也罢,竟然还大声念出来。

当时,我就在会场里。

毛下

上级领导视察某乡镇,镇长知道该领导属于学者型的领导,为了博得他的好感,汇报时用了很多书面语,结束语是一句马屁话,大意是:我在你毛下工作多年,学到了很多做人的道理。

上级领导一听傻眼了,把他的讲话稿拿来一看,原来是"麾下",敢情这位仁兄学问有限,把"麾"念成"毛"了。

撤

与警察叔叔一起吃饭。饭局快散伙时,警察叔叔说了声:"撤!"

嘿,这话听着,怎么吃顿饭,感觉自己跟在威虎山卧底似的。

激情戏

某部电影要开拍,故事是根据我们报纸上登的一则新闻改编的。

同事老郑再也按捺不住自己的表演欲,强烈要求在电影中出演一角色。老郑觉得自己长得风流倜傥,演一般角色埋没他的天分,他曲里拐弯地跟制片人提出自己的要求,说出演的角色最好"对白要少,出镜要多"。

说了半晌,见制片人还没领会他的意图,老郑终于按捺不住,跳将出来:你们有没有激情一点的戏可以让我演的?

真理

　　某媒体到海边搞活动，其他人都扑通扑通跳下水，只有一副总编扭捏着不肯下去，原来是忘了带泳裤。美女们于是轮番上阵劝说，这个说，你这么好的身材不下水简直是浪费资源，那个说，领导也要与民同乐呀。

　　副总编架不住众美女劝说，遂到海边的小摊上买了条一次性泳裤，然后一个猛子扎下去。没想到，一次性泳裤质量太差，还没游一个来回，泳裤就在水中解体，只剩下一圈皮筋还箍在肥肚上。领导不好意思上岸，只好一直潜在水中。

　　回来后大伙儿私下都管该领导叫"真理"。因为真理都是赤裸裸的。

前方有厕所

现在的车子要么有电子狗,要么有GPS导航,如果前方有测速装置,马上会有电子音提醒:前方有测速。

乡下亲戚搭我朋友的车进城,半路内急,听到"前方有测速"几个字,着急地说,前方有厕所,你赶紧找个地方把车子停一下,可憋死我了。

粉丝

一位作家朋友来开讲座,几位粉丝求见面,让我引荐。

我介绍道,这位瘦精精的,是粉丝。这位脸孔方正,身材精壮的,是粉条。

最后拉出一位身坯更加壮实的,说,这位是粉皮!

面汤

某领导黄金周里带家人游山玩水,没想到景区游人如潮,像样一点的宾馆老早被订满了,只好屈尊住在一农家乐里。

第二天一早,领导起来洗脸,一拧水龙头,没水。领导不悦,对服务员用"椒盐普通话"说,给我来点面汤。

服务员不知领导讲的"面汤"就是洗脸水,赶紧烧了一大碗汤面条端上来。

领导大怒,我要的是面汤,知道吗,面汤!

服务员委屈地辩解道,这不是面汤难道是米汤啊?

争相罚款

红绿灯前,交警拦住两个闯红灯的妇女,要罚她们的款。

两女争相掏钱,说:我来我来!

临时起意

职业烙印无处不在。我同学林晨,法学专家,出过两本比砖头还厚的法律专著,五一兴致勃勃出门骑行,回来后发朋友圈:五一节,天气晴朗。骑行城南名山大斗山,海边山路上,空气良好,心情良好,风光良好! 中午临时起意,骑行至水库边上享用自助餐。

——与犯罪分子打了一辈子交道的他,习惯性地用了"临时起意"这个词。

杨梅疮

六月杨梅季,水果摊上的C位就是杨梅。苏美女说,杨梅太好吃了,但是吃多了,容易口角生疮。你看,我都生了好几个"杨梅疮"了。

拜托,美女,不要乱说话好不好,你知道什么叫杨梅疮吗?

不习惯

去体检,一个女医生顶着一头金灿灿的头发,像金毛狮子,又像鸡毛掸子。女医生态度真好,问长问短,嘘寒问暖,千个叮咛万个嘱咐,让我产生了严重的错觉,今天不是来体检的,而是来视察的。

见惯了医生三言两语匆匆打发病人,冷不丁见到态度这么好的医生,还真有点不习惯。

床位

有位医生朋友跟我聊天,聊着聊着,突发奇想,要请我吃饭。

他马上打电话预订包厢,问:有没有空的床位?

绿豆汤

在酒店用餐,上来的一道饮料是绿豆汤。我笑道,喝了这个,用骗子张悟本的说法是,可以把吃出来的病吃回去。

拍卖

某巨贪被抓,与身边有生意头脑的朋友聊起此事。

——刘某某被抓,他那 374 套房子怎么处理?

——肯定被法院拍卖了,拍卖所得上缴国库。

——法院的拍卖价通常要比市场价便宜。

——是啊,他位高权重,到手的房子都是好房子,等开拍时,咱们想办法拍个一套来。

听错了

我朋友考证出,"日啖荔枝三百颗"是苏东坡听不懂当地方言的产物。当地人说,一啖荔枝三把火。苏东坡他老人家下基层采风,听成了"日啖荔枝三百颗",结果就拼命吃还写诗纪念,最后流着鼻血离开了惠州。

发财梦

邬美人邀请我去她家,她的夫君沈三草原创的青花瓷,被德国收藏家以58万元的高价收藏。

我跟赵兄说,沈画家的青花瓷,被老外高价收藏了,我也想画张画烧成瓷,卖个高价。

赵兄说,你的画烧成瓷,估计只能当讨饭碗。

2.81240000 港元

点 钞

银行技能比赛上,美女们在点钞,动作如行云流水。对她们最低的要求是,十分钟点十七刀,一刀一万元。

评委老李异想天开:如果我挣钱的速度,赶得上她们点钞的速度,那人生多美好啊。

而我,梦想花钱的速度,赶上她们点钞的速度。

故 事

动车上。一女声音高亢,喋喋不休,绘声绘色地对同伴痛陈自己的血泪情爱史,说了两个小时,故事的高潮部分还没讲到。坐在后排的我已经听明白了,她是小三,被甩了。

贱宾

李兄回母校参加校庆,我对他说,像你这样在专业领域颇有建树的专家,回母校,肯定享受贵宾待遇。

李兄怒道:什么贵宾,我是贱宾!

原来李兄母校邀请的校友,大凡称呼带"长"的校友,均受到热情接待。师兄虽学有所长,奈何称呼后不带"长",受到怠慢,所以他自嘲"贱宾"。

表演

过年回老家,舞狮队来家门口表演。除了舞狮外,还有中年妇女的排舞、乡村孩童的少林拳,最后出场的是两位村妇,表演得特别卖力。

我问赵兄:她们演的可是五禽戏?

赵兄说:啥眼神,那是太极拳!

文代会

如果某一天，某个星级大酒店，突然多了一群戴着花样百出的帽子、留着稀奇古怪的发型（有亮闪闪的光头、地中海式的半光头、莫希干头）、把头发挑染得五颜六色（有红头发、黄头发、白头发、鸡毛掸式的彩发）、男生女相或者女生男相的人，不用说，准是文艺界代表大会召开了。

收藏家

聚会时，进来一位大收藏家，据说身家上亿。一头土豪金的大波浪头发，脖子上绕了一圈又一圈——有唐代的金镶玉吊牌、宋代的绿松石挂件、明代的蜜蜡项链、清代的翡翠挂件等。我像参观珠宝博览会一样，远远地瞻仰着这一大堆珠宝。

一问价格，一条至少五百万元。

出场费

赵兄回老家,在家设宴五桌,宴请村里的亲戚朋友。女眷们忙开了,姑嫂妯娌好像在搞劳动竞赛,洗菜的洗菜,切菜的切菜,烧菜的烧菜。

正忙着,来了一个流浪艺人,自顾自弹着吉他靠着门唱开了。我正享受着专场演出,侄女拿出一元硬币,交给流浪歌手。

这是史上最便宜的出场费。

大爷银行

在湖北大冶出差。师姐打电话找我。我说,我现在在大冶村镇银行办事呢。

师姐惊诧道,啥,大爷银行?

乞丐

去鞋摊补鞋,见边上有人拉二胡乞讨,地上摊着一张纸,上书:老母瞎眼,妻子瘫痪,儿子得了白血病,无奈之下,上街乞讨,恳求好心人帮助。

我同情心泛滥,把包中的十几个一元钢镚,全放进他面前的碗中。

鞋摊主人冷眼看着,说:人家可比我有钱多了,前段时间,他还开着私家车,去旁边的银行存了几万元钱。

辑三

十面包袱

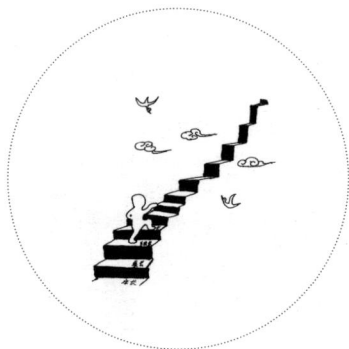

自然醒

女友说自己睡觉睡到自然醒，数钱数到手抽筋。

她每天凌晨三四点就自动醒来。在银行当柜员，从早到晚数人家的钱。

壮志

某男在饭局上动不动就表现出江山在握美人在怀的豪气，可惜豪情万丈的他，就差江山和美人了。

某男跟我们说，他掌握了藏私房钱的五十种方法，但苦于无钱可藏。

某男二十岁起就通读并研究了成功学的所有秘籍，他说不明白自己为何混到退休，连科长都没混到。

某男号称爱情问题专家和心理咨询大师，可是据我所知，他结婚离婚已经三个回合了。

披挂上阵

女友四下打量我说,你怎么也不弄个玉坠玉镯戴戴?

我说,戴这个干吗,累赘。

女友说,现在只要有点文化的,哪个身上不是披玉戴石的。

我仔细一观察,还真是的,身边的人个个环佩叮当。看来咱中国人还真喜欢把美好山河打碎,披挂上身啊!

傲慢一身

出差帝都。车过处,看到一服装店,店名叫"傲慢一身"。首都人民真牛,咱南方人的服装店,名叫"浪漫一生",他们的服装店叫"傲慢一身"。

123

春风得意

　　哥们姐们最近好事连连,不是升迁,就是置业,要么就是再婚进行资产重组,让我也跟着沾了一些光,揩了一些油,打了一些秋风,赴了一些饭局,白吃了许多山珍海味。

　　上午到某单位公干,碰到刚升迁的春风满面的李大官人,他大老远就跟我打招呼,露出了十二颗牙,足足比以前多露了四颗。

主义

　　我一天要经历几个主义:七点以前是自然主义,七点以后是现实主义。下班路上,是魔幻现实主义,堵车了,变成批判现实主义。不累,是浪漫主义;累了,变虚无主义。到家,是享乐主义。

红绳

三门有青蟹,鲜活味美,价格也高。但是,青蟹十分凶猛,若不捆绑,都是行凶的强盗。所以,只要是活青蟹,都作重刑犯打扮。每次看到青蟹身上扎着的红绳子,我就会想起杨白劳的唱词:"人家的闺女有花戴,你爹我钱少不能买,扯上了二尺红头绳,给我喜儿扎起来,哎,扎起来……"

女人

女人是水做的骨肉。不过,有些女人是油水做的骨肉,有些是泥浆水做的骨肉,只有那些充满灵气、内心清澈的女子,才是清水做的骨肉。

凡事不可深究。再细分,即使是清水,也分为蒸馏水、矿泉水、名山清流、高原雪水……

生计

在医院门口碰到某男,忘了他姓啥名啥,客套地寒暄了几句。当年意气风发的文学青年,如今是大腹便便、一脸疲惫的中年人,他是陪第三任妻子来产检的。问他还在写作吗,他说,一天到晚为生计奔波,做小生意糊口,写那劳什子干吗。

想起叶芝的话:"奈何一个人随着年龄增长,梦想便不复轻盈;他开始用双手掂量生活,更看重果实而非花朵。"

孝敬

与男同事一起出差。三位男同事都买了烟酒,说是回去孝敬老丈人。我问:咋不孝敬一下亲爹呢?

三同事异口同声地说:因为亲爹烟酒不沾。

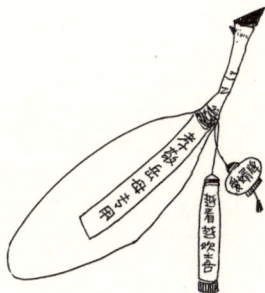

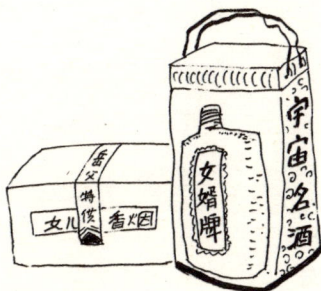

养娃

我朋友,一口气生了三胞胎!

替她发愁如何养孩子。她说,这个好办,见者有份,爷爷奶奶养一个,外公外婆养一个,自己养一个! 平时还可以搞一搞劳动竞赛,到年终,评比谁带的宝宝最壮实!

虽然三个孩子两龙一凤不住一起,却常常是一个感冒,另两个也感冒,一个高兴,另两个也开怀。

窒息

早起,先看朋友圈,此举相当于老干部看《人民日报》和《参考消息》。

早晨的朋友圈,以鸡汤和各种链接为主。凡是美景美图,配字必是"美得让人窒息的图片"。拜托,别动不动就窒息好吗? 窒息的后果,就是缺氧! 谁经得起三天两头窒息啊!

余平生

我在朋友圈中道:余平生有五恨,一恨蔷薇生虫,二恨夏夜有蚊,三恨臭豆腐不够臭,四恨吃大蒜者朝人打嗝,五恨停车挡道之人。

余平生亦有五怕,一怕进医院,二怕无脚之虫,三怕麻烦人,四怕看电器说明书,五怕男人小气啰唆。

某土豪很认真地问我:余平生是谁?

自学成医

自从有了网络,很多人自学成才,成了半吊子医生,染上小恙,上网查询,自我诊断,就近买药。实在没辙,才上医院。

医生们对此深恶痛绝,一听到"网上",齐齐色变。

辟谷

最近朋友圈流行辟谷。老万动员我辟谷，他现身说法，称自己已辟谷五次，还怂恿我活在当下，马上辟谷。

我说，我上有老，下有小，中有夫，责任在肩，辟不得也。我一顿不吃，眼冒金星，两顿不吃，走路发飘，三顿不吃，肠胃绞痛，要是再多几天不吃，估计成医院标本了！

废话体

周末去山里秋游，秋光甚好。最近废话体诗流行，有位废话体诗人，即席赋诗一首——

大山里面，山道很弯／蓝天很蓝／白云很白／青山很青／红花很红／绿豆面很绿／大饼很大／土鸡很土。

饭局

一位社会贤达的QQ签名上写着："人生最痛苦的不是在家吃泡面，而是每天晚上赶饭局。"

有点矫情，却是大实话。

因为疫情，这几年饭局几乎没了，他的QQ签名换成："人生最痛苦的不是在家吃泡面，而是不想吃泡面的时候，却没有饭局。"

文化扶贫

小偷光顾，车子被撬。盘点了一下损失，小偷偷走了CD盒，内有二十多张我精心挑选的CD。看来，这贼是雅贼。

车子被撬，本该怒发冲冠，最后，却变成沧海一声笑——权当文化扶贫了。

香客

去国清寺看老朋友——那株开了一千多年的隋梅。

在寺院门口,问小和尚,寺里的隋梅,还有蜡梅、红梅、白梅都开了吗?

小和尚摇摇头说,我不知道,但是香客很多。

或许,在小和尚眼里,只有香客,而无梅花。

阿弥陀佛,善哉善哉。

自动发热

大冷天出差到某地。

政府号召节能减排,某地坚决执行。喝酒喝到一半,服务员悄悄把空调关了,按她的思路,喝了酒,人会发热,发了热,自然就不需要开空调了。

没承想,席中某人,喝了酒偏全身发冷。

节省

回家路上，遇上一富婆，骑了一辆旧自行车，如踩着风火轮的哪吒，一溜烟从我面前经过。富婆房子有七八套，资产几千万，却保持本色永不变——骑着一辆破自行车，穿着用地摊零头布做的花衬衫。

真是节省！

烟熏

参加某个会议，中场休息时，不少"烟枪"表情陶醉地抽着烟，过道上烟雾弥漫。

某位老作家说，他被浓烟熏得当场心脏病发作，吃了速效救心丸才活过来。

他是写小说的，就算说实话，听上去也像是在虚构。

祖传

赵兄懒于做饭,振振有词道,我们天台男人祖传是不下厨的。

知道珠宝有祖传的,书画有祖传的,今天才知道,不下厨也可以是祖传的。

微信考验

徐姐在微信上冒了泡,说文化长廊的梅花开得真是好。

得知她"微服私访"到本地,我第一时间打去电话,表示要尽地主之谊,到酒店看望她并请她吃饭喝茶。徐姐满意地说,饭,我就不吃了,等下要去温州,要的就是你这个态度。你是经得起考验的好朋友。那些明明在微信上看到我的行踪,却一点没反应的家伙,哼,我要把她们从知己降格为一般朋友!

看来,微信已成了考验朋友关系铁不铁的试金石。

参观

苏美女的新房装修完毕,热情洋溢地邀请我做客,我也热情洋溢地答应了,而且说去就去,当晚就杀进她的豪宅。

项羽觉得,富贵不还乡,如锦衣夜行。换一种说法也成立:豪宅不请人参观,亦如锦衣夜行。

中心

师兄说,我们小区门口有块"忠"字牌。

我说,不可能! 这年头,谁会公然搞个人崇拜。

到门口一看,什么忠字牌,是一块长招牌,前面的字都不见了,只剩卜二字:中心。

菩萨心肠

江诗人烟不离嘴,烟灰掉得到处都是。他的粉丝问我,要是火星落下来,会不会把他的大胡子烧成焦土一片,因为胡子也属干燥易燃物,碰到火星,很容易引发火灾。

我为粉丝的菩萨心肠感动。

素质教育

朋友教子有方,除了让儿子学游泳、跆拳道,又让儿子学架子鼓、萨克斯。主要目的,倒不是怕孩子输在起跑线上,反正已经输了,用朋友的说法是:一个文艺青年该具备的素质,儿子都应该具备。

寂寞

海外华人余大姐说,国人的夜生活和社交生活,比洋人要丰富得多。国外的生活是"好山好水好寂寞",国内的生活是"真香真辣真快活"。

她回国省亲的这段时间,已经赴了 N 个饭局,深切感受到祖国人民对她这位海外游女的情谊,难怪她发自内心地说,还是祖国好啊。到了洋人地盘这些年,从来没有洋人请她吃过大餐。

糊涂账

导演老杨对数字没概念。他去财务室报销,算账时说五七二十八,惹得财务哭笑不得。他看了我写他的文章后,伸出五个指头对我说,你的文章又在调侃我了,送你五个字:一派胡言。

禽流感

我爹说,因为禽流感,除夕夜就不吃鸡了,不过鳖还是可以吃的。

看来,今年过年,霸王真的要别姬(鸡)了。

早起

终于为几十年如一日的早起,找到了理论依据——

《朱子家训》说:黎明即起,洒扫庭除,要内外整洁;既昏便息,关锁门户,必亲自检点。因为没庭除可扫,我换成阳台浇花。

《曾国藩家书》说:大清早不起床,不叠被,不扫地,是败家之子。

不对啊,几个睡到日上三竿才起来的朋友,老早就成了亿万富豪,为什么几十年如一日早起的我,还在为还房贷而打拼?

五代

从博物馆出来,染上一毛病,看什么都是文物。

女友来我家,拿起书房的活字雕版和青花瓷盘问我:是文物吗? 哪个朝代的?

我说:五代。

女友:五代? 不可能。活字雕版宋代才有。

我说:是五代。我一代、父辈一代、爷爷一代、太公一代、太太公一代,共五代!

不般配

师妹暗戳戳指着从我们面前经过的一对夫妻问我:为什么这么个看上去高端大气的男人,会配这么一个普通的女人?

我答:既然鲜花会插在牛粪上,那么,就不要奇怪好白菜让母猪给拱了。

潜伏

佩服朋友圈里的某些高人,朋友圈开了几年,终日沉默,一语不发,一声不吱,就像《潜伏》里的卧底,隐藏得实在深啊。

没在深山老林里修炼个几百上千年,达不到这样的道行。

也是,森林里的猛兽,从来都是静悄悄的。叽叽喳喳的,都是小虫和小鸟。

叼骨头

马姐打来电话,向我这个"江湖游医"请教:最近老是腿抽筋,何解?

我说:缺钙。

马姐:有何法子?

我支招:建议你每天入睡时叼根肉骨头。

车贴

机关车改开始后,官人们就没了专车。

某官人不会开车,想让退休的老婆接送他上下班。老婆云,义务劳动,不干。于是他每天拿出一百元车贴,"雇"老婆当专职驾驶员。

北京大爷

首都国际机场候机室。

一个介于牛 A 和牛 C 之间的北京大爷,跟我身边的一美女搭讪,该大爷牛气冲天地说:你在北京有什么搞不定的事,尽管找我,我帮你搞定!

好大的口气!哼哼,美女想让亲爹的照片挂上天安门,大爷,你搞得定吗?

签字

某领导退休后,很不习惯。从前在单位,威风八面,天天有下属上门汇报、签字,现在退休了,忙人变闲人,门前冷落,一度抑郁成疾。

儿子孝顺,让老妈和老婆把每天买菜的开销都写在本子上,让老头签字确认。

赛诗

春天到了,身边的朋友纷纷开始写诗赛诗,朋友圈里,天天能读到诗,有先锋体、羊羔体、撒娇体等。

想起许多年前山东某村赛诗会,第一个上台的,张口就是:"我是革命螺丝钉,谁爱来拧谁就拧。"众人以为妙句,等到第八个上台,则是掌声雷动,人家说的是:"我是革命的一条狗,守在祖国的大门口,'帝修反'胆敢来侵犯,我汪汪咬他几大口。"

人文

去书店。问店员大姐：人文类书籍在哪里？

大姐问：人文？是人民文学出版社吗？

答：不是。是人文方面的书。

大姐斩钉截铁地说：那没有！

我希望她只是临时代班的。

文艺

小区新来的保安喜欢读书，说自己是文学青年。我说，热爱文学，挺好。

晚上理了发，去值班室取快递。保安说，那个马克思死了，蛮可惜的。

我说，是马尔克斯，哥伦比亚作家。

保安说，哦，你看过他那本《感冒时期的爱情》吗？

我不好意思纠正是《霍乱时期的爱情》。我说，看过。

促销短信

收到高利贷公司的促销短信,不免感叹,现如今,文艺范儿越来越吃香了,不但领导人讲话文艺范儿十足,连高利贷公司的促销短信,也写得那么深情,那么文艺——

"当你缺钱时,能拿出五千的是同事,能拿出二万的是亲戚,能拿出五万的是兄弟姐妹,能拿出五十万的是父母!但能拿出二百万、五百万甚至一千万的,只有我!"

常识告诉我们,话讲得太漂亮太圆满的人,都不可信。

讴歌

一夜之间,天就冷了。朋友圈里,有人讴歌阳光、植物、大地,有人讴歌美食、美人、美景,而讴歌老婆、孩子、热炕头的人,也多起来了。

踏实

与一媒体老总闲聊，我劝他学会用网银和手机银行，告诉他在银行柜台排队存取钱与用手机银行转账汇款的区别，就好像铅字排版与激光照排的区别。

说了半天，他老人家慢悠悠地来了一句，什么电子银行手机银行，我到现在连银行卡也没学会用，我觉得钱嘛，还是拿块脏手绢裹着大票子揣在裤腰里让人最踏实。

他接着反问：我给你们做广告，一个是报纸头版整版，一个是网上整版，你会选哪一个？

值钱家当

师兄是收藏家，来寒舍小坐。他在我家视察了一圈，斩钉截铁地说，你们家一件值钱的东西都没有！

我说：我的头脑还是蛮值钱的呀。

简称

师妹问,工会、团委、妇联、科协开联合大会,横幅上是"全市工青妇科协工作大会",为什么前面三个单位"工青妇"都可以简称,科协就不能简称为"科"呢?

我说,简称了就变妇科大会了。

跨界谈话

要让人家觉得你才高八斗、学富五车很容易,就是采用跨界的谈话方式。跟不懂得使用信用卡的老报人谈网络金融,跟不会开车的教授谈赛车,跟大字识不了几个的粗人谈文化,跟穷得叮当响的乞丐谈理财,跟吃得大腹便便的胖子谈减肥,跟整天看肥皂剧的家庭妇女谈天下风云,帮文科生做数学题,和理科生谈俳句和绝句。

骗子

骗子很敬业,凌晨两点半,给我发来中奖信息。

骗子都这么敬业了,咱干活还好意思偷懒吗?

有人告诉我,骗子大半在海外,有时差。

友谊

男人只要一起喝过酒,一起聊过天,就可以成为莫逆。女人要成为闺密,就难多了,得陪她逛过多少条街,听她说过多少陈芝麻烂谷子的事,帮她一起骂过多少回领导和婆婆,才能换来她的贴心贴肺。

地位

一女友特别推崇一句话：在古代，我们女人特别吃香，很多男人为我们写诗，把我们夸到天上去，是人间少有的仙女，还将我们重金聘娶，整天在家里绣花，不用做家务，偶尔规劝下相公去谋求功名就好，等他真的出去了，就凭栏远眺。哎呀，别提多美了。

我让她先别激动，我吓唬她：在古代，你十有八九会被休，只要你跟公婆顶嘴、吃醋撒泼、嘴碎唠叨，就是犯了"七出"，分分钟被休。更何况，你还要缠小脚。

哪像现代女性，三八节可以发条霸气十足的微信给老公——亲爱的老公，如果以前我有什么得罪你的地方、做得不好的地方、脾气怪的地方、嘴巴损的地方、比较嚣张的地方、你看我不顺眼的地方、把你气晕的地方，在这里，我由衷地向你说一句：哼，你能把我咋样？

转型

出差去上海,与几位媒体朋友闲聊,聊到相熟的几位记者,有了以下一段对话——

央视某某记者还在吗? ——哦,她去某银行了。

凤凰卫视某某呢? ——他去银行了。

新华社某某分社的某记者呢? ——去银行了。

《解放日报》的某某记者呢? ——去银行了。

《东方早报》的某某呢? ——她去银行了。

上海卫视的某某美女呢? ——她也去银行了。

……

我纳闷:这跨界,咋都往同一个地方跨呀?这转型,咋都转到同一个行业呀?

想起一个词:内卷。

冲动

女人这个物种,容易感情冲动,好起来恨不得跟你同穿一条裤子,一旦被屁大点的事惹恼了,割袍断义也就是分分钟的事。

组长

女友的儿子读小学,见到我兴奋地说:阿姨,我当小组长了!

我作慈祥状,摸了摸他的扁头,夸道:好,有出息!

女友嘴一撇:又不是班委,小组长有甚花头。

我批评女友目光短浅,告诉她,别小看小组长,小组长、班委、班长,经过多个岗位历练,一步步上去,不断锻炼,到大学时,还怕不是学生会主席?

兴趣

接到陌生电话,对面自报家门说是西北什么公司的,听这公司名字,相当唬人。

对方问我,对贵金属有兴趣吗? 我说,没兴趣。

又问,对投资矿产有兴趣吗? 我说,没兴趣。

对方又接着问,对融资有兴趣吗? 我说,统统没兴趣。

对方问,那你对什么有兴趣?

我说,我对你如何知道我的电话号码有兴趣!

对方马上挂掉了电话。

专家

我认识一位情感专家,自己的感情生活,一塌糊涂,前后几个老婆都搞不定,却经常出来给人家的情感生活指点迷津,收费还巨高。

想想也对,和尚们都出家了,可来寺院烧香者问询的,不少还是家事。

统赞部

程才子,自诩为朋友圈"统赞部"部长,每批阅朋友圈,必手动点赞表示"朕已阅"。某日有朋友发消息,说身边某青年才俊因心梗英年早逝。他亦习惯性地点了个赞。

我提醒道,此时点赞,你是称赞某人死得好吗?经我棒喝,虚怀若谷的他取消了赞。

传统

农历七月半,路过十字路口,看到一群大妈在马路中间烧纸钱,跟朋友嘀咕:不知这算哪门子的风俗?

朋友神回答:大白天在马路上烧纸钱,应该算是"非物质文化遗产"吧。

座谈会

座谈会上,大家的发言都很"嗨",企业家们一口"椒盐普通话"。"遭殃产业"其实是"朝阳产业","坐台会"其实是"座谈会","吃饱"其实是"确保","神才"其实是"人才"。不知新来的领导,能否听懂咱们"南蛮子"的"普通坏"?

创业创新座谈会

精神带回家

姐妹们在单位接受"三思三观"教育后,无一例外地把学习精神带了回家。要求老公对照"三思"精神反思自己:认真思考与老婆的感情深不深、与老婆的距离远不远、老婆在心中的分量重不重。

同时要求老公在家正确树立"三观",即由老婆全面持家的"唯物史观",以老婆为本、老婆至上的价值观,婚前自己做主、婚后老婆做主、意见统一时听自己的、意见不同时听老婆的的"执政观"。

复合型人才

以前到理发店理发,托尼老师都是流水作业,一人洗头、按摩,一人剪发,一人吹发。疫情期间,理发店只剩复合型人才,洗剪吹兼按摩,一个人全包。

好好

某官人,见人必说"好好",素有"好好领导"之称。有一次,遇见某乡镇镇长进城火化去世的父亲,某官人问他进城何事,镇长悲痛地说:"家父去世,今日火化!"

某官人顺口说:"火化好,火化好!"

轮流表态

晚上开会,大伙儿要轮流表态。有人五分钟完事,有人"一表三千里",有人从盘古开天地讲到人机大战,还没讲到主题。看时间,已经十一点了。

李兄最后开腔,他素来稳重,从头到尾都是一个调调,就像一根直线的心电图,没有半点起伏。他老人家哪里是表态,分明是以"唵嘛呢叭咪吽"的语速对大伙儿催眠啊。

机器点赞

李兄人缘极好,经常为朋友点赞,后来他嫌手动点赞麻烦,付了点小钱,买了机器点赞。不管哪个朋友发文到朋友圈,机器必秒赞。于是,摔跤骨折、家人去世、开车被罚、企业倒闭的朋友,总能在第一时间收到他的赞。

境界

单位的一个保洁大姐是拆迁户,分到四套拆迁安置房,一套自住,三套出租,一月租金好几万,但她依旧来上班,泡开水、搞卫生,她说,工作不是为了赚钱,是乐趣。

对比人家那境界,我自愧不如。

我说,你的境界真高。她道:我的儿子正在上大学,希望他能像你们一样坐办公室。

发财机会

一朋友,每次见面就说,有什么发财机会可别忘了告诉她。

可她自己,总是闷声不响发大财。现在身家都快上亿了。

沉默是金

嗓子哑了两天,一句话都说不出来,终于明白"沉默是金"的含金量了。当你面对任何问话,不像往常一样,滔滔不绝地发表高见,只露出蒙娜丽莎式的神秘微笑,以摇头或点头表示赞同与否,你的形象立马变得高深莫测。

言多必失,言少藏拙啊,难怪《鬼谷子·中经》说:"言多必有数短之处。"清代朱用纯《朱子治家格言》中也说:"处世戒多言。"我沉默了两天,就像一块纯度99.999%的金子,熠熠发光。

端午节

两千多年前的端午节,三闾大夫屈原自沉汨罗江,从此,我们的餐桌上多了粽子这道美食,还多了假期。

从古到今,诗人千千万万,不着调的居多,既给我们留下精神财富,又给我们留下物质财富的,只有区区几位:一是屈原,不但留下爱国情操,还给我们带来宝贵的小长假和粽子;二是谢灵运,户外运动倡导者,他发明了登山鞋(谢公屐),让我们健步如飞;三是柳永,使大家到歌厅唱歌成为风尚;最后一位是苏东坡,让我们吃到肥而不腻的东坡肉。

标配

去某地,看到几个前呼后拥的上级领导来视察,他们的共同特点有:长得肥头大耳,蝈蝈肚是标配。

冷饭团

请老父吃寿司。吃完,老父说,什么寿司,就是冷饭团!

没错,寿司就是冷饭团。同样的食物,叫肉夹馍就土气,叫三明治就洋气。叫凉拌菜就低端,叫沙拉就高端。同样名字带个根,叫土根就土,叫培根就洋。

演示

北京的哥一路与我谈佛经。的哥觉得,对我这样蒙昧无知的"南蛮子",光解释佛经要义还不够,还得来个直观的现场演示。他双手离开方向盘,双目微闭,双手合十,直接给我演示如何行阿弥陀佛礼。车子向右偏了过去,险些与边上的车子发生碰撞。

大冷天的,车流滚滚中,我吓出了一身汗。我说:善哉善哉,师傅你快快把住方向盘,我这条小命就在你手中呢。

1651

早到

天气真好，天蓝得不像话。从北京飞回杭州，飞行员在空中多拉了几下油门杆，飞机开得飞快。迟起飞二十分钟，却早十分钟到达。

用渔民的话说，当时肯定北风大，顺风顺水。

拆迁

出差去北京，碰到的的哥是拆迁户。车开得飞快，嘴皮子也利索，他说自己住五环，分到四套拆迁安置房，每套一百二十平方米，一套值六百万。我说，想不到你是土豪啊！的哥谦虚地说，我这几套房算个啥，我亲家，有三十套房！

我好奇地问，你亲家干吗的？的哥说，嘿，他是贪官，给逮进去了！

人家都说，北京的哥的话要打六七折听。这位的哥的话恐怕要打"骨折"听。

劳动伟大

五一劳动节,朋友在微信朋友圈中高呼"劳动最光荣,劳动最崇高,劳动最伟大,劳动最美丽"的口号。

他老婆留言:哎,既然劳动这么光荣这么伟大,那家务劳动你全承包去得了。

理由

在温哥华陪读的晓梅姐说,有时我们喜欢一座城,不仅仅因为城中有美丽的风景,更因为城里生活着某个你喜欢的人。

其实,我们吃货想说的是,有时我们喜欢一座城,不仅仅因为城中有美丽的风景,更因为城里有让我们流哈喇子的美食。

道行

坐出租车去办事。的哥是位虔诚的佛教徒，车里放的是佛经。

我说："阿弥陀佛"这四字，我以前听到的都是念成"ē弥陀佛"的，这咋念成"ā弥陀佛"？

的哥听了我的话，像百家讲坛的专家一般引经据典地解释道：《金刚顶瑜伽中发阿耨多罗三藐三菩提心论》说，"ē弥陀佛"或"ā弥陀佛"皆为正确读音。然就初修行者来说，宜读"ā弥陀佛"，至能入三昧禅定者，心性明了无碍者，宜读"ē弥陀佛"，实声明之关窍也……

北京的哥，道行很深。

远大理想

与几个大学生交谈，现在的大学生，理想都非常远大，想成为比尔·盖茨，成为李嘉诚，成为马斯克，成为土豪文豪各种豪，只是——我自横刀向天笑，笑完之后睡大觉。

火烧饼

大清早,打车往台州机场赶。开到半路,的哥惊呼:快看,天上的火烧云!

我说:我早饭没吃,不想看火烧云,只想吃火烧饼。

的哥说:我们现在是迎着朝霞赶路。

我的故乡藏龙卧虎,处处都有民间诗人。把的哥的话连起来,就是一首赛过梨花体的好诗——

看/那一片火烧云/我们现在/是迎着朝霞/赶路

房子

在杭州打车,碰到一个话痨的哥,从房价扯到离婚率,说杭州的房价越来越高,江景房要十多万一平方米了。与房价相对应的,现在的离婚率也越来越高了。

他说,让离婚率下降比让房价下降容易多了。只要国家出台政策,离婚后房子归国家,就没人敢离婚了。

撒尿和泥

老赵与老陈小时候就是好搭档,最常玩的游戏就是撒尿和泥,不过,那时候,总是小赵撒尿,小陈和泥。

现在,他们依旧是好搭档,撒尿的小赵成了老板,和泥的小陈成了他的办公室主任兼专职司机。

叙旧

某女财商很高,是炒房高手,前几年在京沪炒房,赚得盆满钵满,她来杭州,说要跟我叙旧。

没想到,叙旧的第一句话就直奔主题:第一次见到你时,这里的房价每平方米不到三千元,现在,都七八万了。

世界五百强

今日出门,一天都在与世界五百强打交道。

上午去世界五百强的太平保险集团办了保险。车开到半路,油没了,到了路边的世界五百强的中石化加了油。下午,去世界五百强的中国工商银行还房贷,经过世界五百强的中国移动时,顺便充了几百元话费。晚上懒得做饭,就去家门口的世界五百强肯德基吃了一个套餐。

差点忘了说,付款的手机也是世界五百强的苹果公司生产的。

五行缺筋

我闺密，很迷信，信什么阴阳八卦、掌纹面相、电脑算命之类，她跟我说，从一个人名字的笔画就可以看出这个人的五行缺什么，缺什么就得补什么。

她让她老公猜猜她五行缺什么，她老公说，你五行啥都不缺，就是脑子缺根筋。

打菜师傅

食堂打菜师傅得罪不得。打菜师傅爱憎分明，同样的一勺菜，多你半碗也不是不可能，要是看你不顺眼，少你半碗你也没话说，功夫全在他的手腕上。

为了多这一小勺菜，很多人愿意跟师傅们搭讪，混个脸熟。有几分姿色的女子，甚至不惜给师傅"放电"，博得师傅的好感后，电能可以转化为卡路里（热能）。

球! 球! 球!

世界杯一来,朋友圈冒出乌泱泱的球迷,那些平时从不踢球、从不谈球,却长着球一般的脑袋、顶着球一般的肚子、有着球一般身材的男人,开口闭口就是球球球,发的朋友圈也全是球球球。

世界杯如火如荼。很多人熬夜看球赛,苏美女不懂球,也熬夜熬得两眼似熊猫,我问她整日看球看出个啥。

她坦诚相告,平时看帅哥没机会明目张胆看,这次趁着世界杯,可以在家看个痛快!

请客

文学青年写了一麻袋的稿子,屡投不中。到年底,总算发了一篇"豆腐干"短文,欣喜若狂,买了一百张样报,遍赠好友。稿费拿到50元,请客花去2000元。

省钱

我一亲戚,用钱极省,我跟她摆事实,讲道理,下定义,做对比,列数字,打比方,还引用名人名言"爱自己就是开始一场延续一生的罗曼史",让她对自己大方一点,别只把钱用在孩子身上,甚至还搬出一句唯心主义的话来:"小富由俭,大富由天。"告诉她发财不是因为节省,而是看有没有这个本事。

她原则上同意我的说法,不过每次花钱超过一张"毛爷爷"时,她心绞痛的老毛病还是会犯。

朽木

这厮开着宝马车,在小区横冲直撞,还动不动乱停车,保安多次劝说,都没有效果。小区里的艺术家,骂人骂得很含蓄:这真是块朽木,这样的朽木,就算请国家级工艺美术大师来雕,估计也雕不成人形。

鸡毛敲鼓

三八节，苏美女在群里转发了一段话：男人！你听好！女人想要的任何东西都可以自己买，男人唯一能给的就是那种感觉！女人想要名牌包，其实要的就是男人的舍得！女人想你出差带回来的礼物，其实要的是男人的心思！女人想要拥抱、想要亲吻，其实要的是男人的温暖！女人想要吵架，其实要的是男人的包容！女人想要的一切，无非是要男人在乎她的感觉！男人，你根本就不懂女人！

我留言道：姐妹们，把此信息转发给各自的老公，以便起个敲山震虎的作用。

周晴美女回道：呵呵，只怕是鸡毛敲鼓啊。

资深

"资深"二字，大致等同于资历深。以前介绍某人，就说这是老编辑或老会计。现在都改口叫资深编辑、资深会计。

"资深"有时又等同于"老油条"。一个单位若流动性不强，资深群众多，这水就浑一些。任手腕多强硬的领导，想在资深群众头上动土，总得掂量一番再下手。比如开会时，若是雏儿在下面叽叽喳喳，领导完全可以喝令他们闭嘴；碰到资深群众在下面聒噪，大多睁只眼闭只眼。闹不好，资深群众翻着白眼来一句：牛什么牛呀，装得人模狗样的，老子进单位时，你还穿着开裆裤呢！

好像现在又出了一个与资深同义的新词，叫老炮。

沉默是金

开笔会，见一大汉着一文化衫，后背写着"沉默是金"，前胸写着"烦着呢，别理我"。这黑底白字，像变压器上"严禁攀登"的告示或者老皇历上"不宜动土"的禁忌，旁人以为此人必是沉默寡言、高深莫测之辈，没人敢主动与他交谈。

岂料，此兄说起话来像磨豆腐似的，嘴角还不停冒出白沫来，一开口，废话连篇，喋喋不休，没完没了，烦得你只想逃之夭夭。还"沉默是金"呢，简直比碎嘴婆还要唠叨。

炒冷饭

大学老教授，几十年上课都用同一本讲义炒冷饭，还用老讲义编了一本书，放在学校出版社出版。书出了后却卖不出，于是，在课堂里向学生推销，曰：独门考试秘籍。

广告衫

经常看到有人穿着广告衫上街。活了大半辈子的老头子穿着"人生之路，贝贝起步"的广告衫，像一棵反季节蔬菜；油漆工身上是"某某涂料"；木匠身上穿的是"某某地板，身份的象征"；胖女人身上穿着"梅山酵母，越发越大"；鲜奶公司的美女穿的是"神州第一奶"。

想起二十世纪七十年代，村干部用化肥包装袋做衣服，前胸是"尿素"，后背是"株式会社"，屁股后面还印着"谨防潮湿"。

霸道

某官人住在小区里，小区里每日音乐飘飘，居民早晚漫步其中，觉得心旷神怡，某官人亦觉身心放松。三月刚过，某官人却严肃地对小区负责人说，音乐不要放了，影响他的孩子高考复习。

没人性

现在的电器功能太多了,有二三十种,号称人性化设计,其实用得最多的都是最基本的功能。每次进电器商店,导购小姐推销起来,一口一个:最新款式,功能齐全,人性化设计。

我斩钉截铁地说,有人性的不要,就买没人性的!

拎得清

所谓拎得清,就是分寸感把握得恰到好处。有人总结出拎得清的四大标准:办事圆滑而不失牢靠,说话在理又略带不正经,开玩笑但不会让人难堪,重情义但不会为你玩刀子。

比如:女人骂自己丈夫的时候,你可以跟着骂自己的丈夫,但是不能骂她的老公;女人夸自己孩子的时候,你可以跟着夸她家的孩子,但不要夸自己家的孩子。

拎不清

拎不清是拎得清的反面。拎不清，就是不懂人际交往的潜规则，智商可能不低但情商明显较低。拎不清的人常犯的通病是：

在一大群女同事面前，夸自己老婆如何能干；人家请他赴宴，总是拿腔拿调，不是迟到就是早退；开会发言，讲得比领导还要长；绕着弯儿打听别人的年龄和收入；赴酒宴当话霸，自顾自讲个没完，把主人晾在一边当配角；到人家家里吃饭，拿醋消毒碗筷；一提到领导就直拍胸脯、直呼其名甚至用昵称，以示自己路子野；打电话从不自报家门，每次都让对方"猜猜我是谁"；发表了一篇"豆腐干"，逢人就问读后感；单位集体活动或者同学聚会，擅自把配偶拉来参加；人家商量搞活动，他旁听到，主动"投怀送抱"说"算我一个"；酒量不好偏要找人斗酒，烂醉之后乱话三千。

话霸

某君是饭桌上的话霸,一晚上就听他喋喋不休,两片嘴皮子像洒水壶的喷嘴,一开口甘霖遍洒。

此公废话如黄河决堤,一发不可收拾。酒桌上的规矩是谁做东谁主播。此公虽然年岁不小,但显然不懂江湖规矩。道行深的人,埋头苦吃,不予搭腔,我修炼不到家,按捺不住,跳将出来,让他闭嘴。

入席

晚会定于七点半开始,都准备好了。除了前两排的二十几个空位,观众席上老早坐满了人。等等等,一直等到八点过,终于,一群吃饱喝足的人,迈着八字步昂然入席。晚会终于开始了。

忙不忙

散步时碰到三个人,随口问了一句:"最近忙不忙?"个个都说自己忙得要老命。有一个为了证明自己所言不虚,边说边拔脚往外走。

人人都说自己忙。这年头,最忌讳被人说成闲着没事。闲是没水平、没能力、不重要、受轻视的代名词。忙是什么?是高水平、有能力、被重用的另一说法。

能够大胆说忙,也是一种能力。

空地

单位头头喜欢种花,于是楼下的空地上种满了各种鲜花。继任头头喜欢锻炼,楼下改成了运动场。现任头头喜欢养鱼,楼下新挖了一个大水池。

现在,领导又换了。大家祈祷,新来的领导最好不要喜欢登山。

满足

年终盘点,老板把脚跷在桌上,翻着账单,嘴上骂骂咧咧:娘的,才赚了一千二百万,比去年少赚三百万,这日子真是王小二过年——一年不如一年。明年的生意还不知怎么做。

烈日下,他穿行在大街小巷,中午为省钱省时间只吃了出门时带的四个白馒头。一天下来,运气还好,收了几百斤的废纸,卖给废品收购站后,赚了几十块钱。天黑之时,回到租住的房里,喝着一大缸凉开水,搂着孩子,数着今天的进账,心满意足。

混出头

某君以为这次常务的位置非他莫属,可最后落到另外一个他根本没放在眼里的人头上。他愤怒,他委屈,他懊悔,他骂娘。

他表弟,辛辛苦苦干了十年,三十岁的时

候,从合同工转为正式工,如今四十出头,当了单位班组里的小组长。一高兴,回去喝了一斤黄酒,对老婆说,老子总算混出头了。

忙

这年头,人人都说自己忙。某人说自己忙得连喝茶的工夫都没有,某人说忙得连发朋友圈的时间都没有。

一位美女说,她忙得连生孩子的时间都没有。

说这话时,她35岁。现在,10年过去了,她还是没孩子。

她老公更忙,但他愣是在百忙之中抽出宝贵时间,跟别的女人在外面鼓捣出一个孩子。

好生与差生

从小学起,他一直是班上的尖子生。十多年寒窗,他都稳居年级第一名。高考时,他抱着必上北大的心理上了考场。由于紧张,他发挥失常,最后被省内一所重点大学录取,拿到通知书,他痛不欲生。

他是差生。在班里,谁也没把他当一回事,连父母都说,高中能顺顺当当毕业就谢天谢地了。出乎意料,最后,他考上了本地的一所不知名的大专。本人心花怒放,父母大宴宾客。

辑四

●

乱弹情

诤妻

朋友夫妻伉俪情深,但两人爱抬杠,为夫的问妻:为什么你不能对我顺从一点? 我说是,你点头便是,何必我说东你偏说西?

我打圆场:你说东他说西,这种朋友叫诤友;你说东她说西,这种妻子就叫诤妻。

爱情像鬼

几个月前,一个大龄女文青还跟我感叹:爱情啊,就像是鬼,相信的人多,遇到的人少。

可是刚才在小区门口,我发现她挽着一个"鬼"的胳膊,做小鸟依"鬼"状,满面春风。

这世道,生活节奏快了,人鬼之间的转变真是快啊。

娇气

女中医一边给我拔火罐,一边议论道:现在男人比女人娇气!

我好奇,问:此话怎讲?

她说,一个女人来做针灸,她刚给女人扎了针,女人"哎哟"了一声,边上陪同的丈夫一听,一头栽倒在地,晕过去了。

女医生补充道:娇气是娇气了些,不过也证明他们夫妻感情很好!

我跟赵兄开玩笑:我俩的感情好像不咋的。

赵兄问:咋啦?

我道:刚才扎针,我"哎哟"了两声,你都没晕过去! 要是感情如胶似漆的话,都晕过去两回了!

炮灰

师兄离婚离了八年,最后净身出户。他下定决心要找一个百依百顺的老婆。

我问:你是不是觉得,顺我者就是好女人,逆我者就是臭婆娘?

师兄说:正是。

我给师兄一记闷棍:你的想法不改变,下一场爱情战役中,搞不好又要成为炮灰。

一块半金砖

他们一家对"女大三,抱金砖"都深信不疑,他奶奶大他爷爷六岁,他妈妈大他爸爸三岁。他爱上了大他四岁多的她。每次朋友问他女友的年龄,他都说,比他大了一块半金砖。

伤害

女友发消息给我：男人对女人的伤害，不一定是他爱上了别人，而是他在她有所期待的时候让她失望，在她脆弱的时候没有扶她一把。

说白了，男人对女人的伤害，就是她要一枚金戒指的时候，你给了她一圈猪大肠；她要一个救生圈的时候，你给了她一个鼻涕泡。

下次喝

某人结婚，被四面八方的宾客灌得酩酊大醉，敬酒的人还是不依不饶，非要他喝下杯中酒。

新郎大着舌头求饶道：兄弟，饶了我吧，这次我实在喝不下了。要不，下次我再喝！

天使照
10元

取消待遇

我问苏美女：结婚前，你那位先生经常送花给你，三八节不必说了，连儿童节、建党节、中秋节都送，把我们羡慕的呦。

苏美女说：那是结婚前的待遇。结婚后，这些待遇自动取消了。谁见过渔夫钓到鱼后，还放鱼饵的？

后来苏美女反省说，可能因为每月给的零花钱太少了吧？

老房子着火

某男年过半百，以理智著称，爱上一女，犹如老房子着火，势不可挡。朋友都劝说，该女子不靠谱，让他提防着点，但他执迷不悟。

问世间情是何物，直让人脑袋起雾。

这也正是爱情的最迷人之处吧？

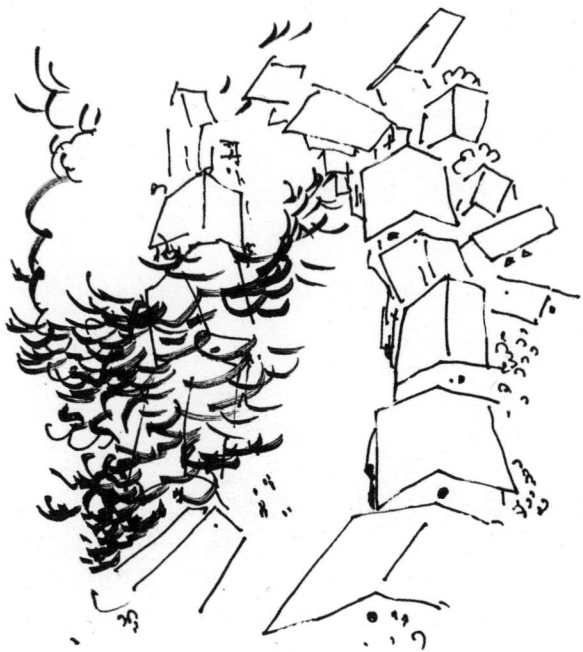

心疼

两年前,远方的闺密给我打来电话,说要离婚。离婚这话,她说了十年,但还是没离成。我问她,你是否对枕边人的一举一动充满厌恶?闺密说,是的,厌恶透顶! 我道:那你们离吧!如果伴侣的一举一动,你都无法忍受,你们的婚姻的确没有继续的必要。

今天,闺密告诉我,她准备结婚了。我问她:你爱他爱到足以托付余生? 闺密说:不知道。但是,他的一举一动,都让我心疼。

我说:那你们结婚吧。因为我知道,心疼是一个很重的词,比爱更深入,更真切,更实在。

两种老婆和两种老公

有人说:老婆分两种,可爱的和可恨的。老公也分两种,可怜的和可以的。

难道就没有可乐的?

爱情与赘肉

豆妈说:赘肉跟爱情一样,都是在你没提防的时候来的。

我说:不一样,爱情说走就走。赘肉却总是不离不弃。

豆妈说:性价比更不一样。

刺激的恋爱

朋友离了婚,如果从财产方面看,就是从一只华美光鲜的锦鸡变成了脱毛鸡。

前些日子,人家给他介绍了一理科女和一文科女。经过比较,他弃理而选文。他说,理科女是温吞水,谈起恋爱来,没劲。文科女一会儿跟你热到沸点,一会儿又冷到冰点,好起来,甜到你骨头里,任性起来,辣得你够呛。跟文科女谈恋爱,要斗智斗勇,有发疟疾和拼刺刀的感觉,刺激!

诉衷肠

某人的妻子口味重,只要点菜,少不了一道猪大肠,不是爆炒猪大肠、凤尾大肠、大肠煲、卤大肠,就是九味大肠、雪菜大肠、四季大肠、九转大肠。

其夫受不了。妻解释道:我点猪大肠,为的是吃了大肠好向你诉衷肠啊。

那么,喜欢啃猪脚的又怎么说?

中西融合

苏美女说她和老公在家,东西文化融合得很好,他爱喝茶,她爱喝咖啡;他爱歌剧,她爱越剧。在方寸之地,东西文化互相包容。

狠话

师妹感情受挫,她姐姐用咆哮体吼道:早让你不要跟这种人好,你不听! 这种人你留恋他干什么! 早分手早解脱!

师妹哀怨地说:姐姐,你能不能说得温柔点呀?

姐姐说:对这种人温柔个头啊,这种臭男人,捶死砌墙算了!

凡能说这些理性话的,都不是当事人。

改革红利

朋友家老夫少妻,妻胖夫瘦。老公"60后",生于饥饿年代,他说自己是活化石,瘦得如同张家界的御笔峰,一派仙风道骨。老婆"80后",说自己是改革开放的得益者,丰满得像年画娃娃,一团人间喜气。

死要浪漫

七夕第二天,我们的晚报登了一则社会新闻:七夕节,某丈夫没送鲜花给妻子,妻子嫌其不浪漫,吵闹了一夜,第二天一早嚷着要自杀。丈夫无奈报警。经民警百般劝说,妻子才打消了寻死的念头。

不知道2月14日她闹不闹。

各花入各眼

师妹感叹道,她们单位公认的一位大美女,年过三十还没找到对象。反而是一丑女,钓到了金龟婿。

我说,这就叫各花入各眼,每一朵花都有人欣赏。

爱情若可量化,那就不是爱情了。

互补

　　某位在名校读金融的帅哥说,在大学里,理科生瞧不起工科生,工科生瞧不起文科生。找了女朋友才发现,理科生最适合找的对象就是文科生。

　　帅哥说,文科生当女朋友,有两个好处,一是屁大的小事她都能总结归纳出放之四海而皆准的大道理;二是当你在生活中遇到烦恼,她不一定帮你解决,但会给你念几句普希金的诗来宽慰你——"假如生活欺骗了你,不要悲伤,不要心急"。

将就

　　有的人什么都追求尽善尽美,吃穿住行,一点不肯将就。唯独婚姻,马马虎虎地将就了一辈子。

　　主要后者是活的,不可掌控。

献爱心

情人节。马路上堵车堵得要命,平素只需两三分钟的路程,足足开了半个多小时。好像满城的男人,都要赶在这一天出门,急吼吼向另一半献爱心。

凑什么热闹。爱对了人,天天都是情人节;爱错了人,天天都是愚人节。

谁的钱

苏美女嘚瑟地说:晚上老公出钱请我看电影。

我不解:为啥说老公出钱? 婚后你们的钱不是夫妻共同财产吗?

这位"80后"新女性得意地说:结婚后,他的钱就是我的钱,但我的钱还是我的钱。

女人心

一位朋友,离婚后苦追一美女,隔三岔五,不是送花就是搞什么烛光晚餐。我觉得此君的浪漫招数层出不穷,可获法兰西浪漫骑士勋章。不过,眼见着两年过去了,冷冷热热、分分合合好几个回合,本该是图穷匕见的时候,我们却还没吃到喜糖。

朋友抱怨道,女人心,海底针,我琢磨了半辈子女人,还没搞懂女人心。

我深表同情,安慰道,不是你一个人这么说的,人家霍金老早就说过——了解一个女人,比了解宇宙的起源更复杂和艰难。

筹备小组

打着庆贺结婚纪念日的幌子,这几个月来,买啥都是理直气壮的。年一过完,我就开始念叨起这个日子。

赵兄说,早着呢,还差好几个月。

我理直气壮地说,不早了,你没看到国庆大典,还有别的啥子大典,筹备期都有好几个月甚至好几年,有的还要成立筹备小组呢。

只可惜当年赶上计划生育,只生了一个孩子。如果有四五个男孩,倒是完全可以举行"赵家军阅兵仪式"的。

姐妹

一对姐妹。姐姐婚姻幸福,妹妹离了婚,又跟几个恋人吹了。

有八卦婆娘问我这是为什么。我道,姐姐像做恋人那样做老婆。妹妹是像做老婆一样做恋人。

试探

一桌人吃饭,有人提议,做一个小试验。同桌的"50后""60后""70后""80后""90后",给各自的配偶发短信,短信只有三个字"我爱你",试探对方有什么反应。

"60后"的配偶回信:"发错了吧,是不是把发给别的女人的短信发到我这里了?"

"70后"的配偶回信:"搞啥子名堂?"

"80后"的配偶回信:"你发这短信干吗? 儿子到现在还没回家,火都火死了!"

"90后"的配偶回信:"老婆,我也爱你。"

不一会儿,"50后"的儿子气喘吁吁地赶到现场,看到老爸无事,才说:"我妈不放心,一定让我来看看!"

齐家与治国

某君能管理全市一百万人,对家中悍妻却束手无策。

赵兄感叹道,"齐家、治国、平天下"中,最能考验一个人情商、智商的,不是别的,而是婚姻。一个人,连家庭都管不好,还能管好一个单位,一个市,一个国家?

我倒觉得,齐家的难度比治国要高多了。

相亲

刘美女跟我说:七大姑八大姨让我相亲,不好意思拂她们的好意,我"单刀赴会"。但是看谁不顺眼,我懒得啰唆,抢先买了单,扭头就走。

不愧是现代女性。

只是有一次,对方特别重视,来了三桌人。不得已,她逃单了。

比例失调

所谓相亲大会,往俗里说,就是找老公(婆)大会。

戚红娘让我把单位的帅哥贡献一些出来,说他们要搞个相亲大会。结果一报名,男女比例严重失调,男少女多,一比八。

真是奇怪,不是说未婚大龄男性比女性多吗?

夸妻

周姐是冰美人,油盐不进,冷若冰霜。只有周姐夫把她拿捏得死死的,周姐夫夸她:"她们是石墨,只有你,异化成了水晶。"

能把妻子夸得这么诗意这么清新脱俗的,也只有周姐夫了。

所谓的天敌,都是一物降一物。

海外市场

一文科女,年过三十五,尚未找到如意郎君。早先她中了中外名著的毒,净做灰姑娘遇上白马王子的美梦。

年岁渐长,她的择偶要求不断调整,从金龟婿到经济适用男,从主攻国内市场到亲朋好友积极帮助开拓海外市场。

近日,该女终于钓到一金毛"海龟",准备移民海外。我问她,为什么不"引郎入室"? 她说,嫁"龟"随"龟"了。

舍得

什么爱不爱的,说得那么复杂干什么。爱其实很简单,就是男人舍得把金钱和时间交给女人,女人舍得把身体和明天交给男人。

陪产

医院推出陪产制度,允许丈夫进产房,陪同妻子生产。

小鲍陪妻子进了产房,妻子阵痛难忍,大骂挨千刀的,只图自己快活害苦了她。等到生产时,妻子惨叫不止,小鲍看到流血场面,当场吓瘫。妻子怒目而视:来人啊,把这挨千刀的给我拖出去!

魔高一夫

刘美女说,我妈老逼我相亲,烦人呐! 我看到不顺眼的男人,就故意当面挖鼻屎吓走他!

李帅哥说,老妈也逼我相亲,我看到不顺眼的女人,就翘兰花指扮"伪娘"吓走她。

真是道高一尺,魔高一丈啊。

脸孔与性情

女友为她表弟相亲,让我把关,说对方是个美女。我说,过日子,脸孔不脸孔不是最要紧的,要紧的是,性情一定要相投。

女友说,脸孔好不好看,是一眼就看得出的。性情相不相投,只有结了婚搭伙过日子才看得出,那时,生米都煮成熟饭了。

女友又说,我表弟相貌不好,总得为后代考虑一下吧?

一点时间

女友为感情的事痛苦不堪,每次她想决绝分手时,对方总是说:"请再给我点时间,我一定会处理好家里的事的。"

现在女友明白了,男人的一点时间,可以是十年那么长,可以长到把一个女人的青春全耗完。

优秀老公

三八节,女人们凑在一起,闲聊起优秀老公必须具备的基本功能。

综合各种意见如下:

一个优秀老公,必须同时具备以下功能:自动取款机,出气筒,小型搬运机,按摩器,闹钟等。

只有一个人不说话。问她有什么补充。她说:我努力培养儿子,让他有这样的品质。

找妈与找抽

与闺密喝茶,斜对面坐着某男。女友悄声八卦道,该男人是她单位同事,前妻比他大五岁,像他的小妈。现妻比他小十岁,虽然夫大妻小,不过现妻十分凶悍,够他受的。

闺密感叹:男人分两种,一类是找妈型的,一类是找抽型的。这男人两类都占了。

海纳百川

朋友托我帮她离婚的老哥介绍对象,我问她哥喜欢哪种类型的。

朋友说,不太清楚,他有时喜欢妖精,有时喜欢妖怪;有时喜欢牡丹花般花开富贵型的,有时又喜欢蜡梅般暗香浮动型的;有时喜欢眼大如铜铃的陈德容之类,有时又喜欢小迷糊眼的林忆莲之类。

我感叹说,你哥口味如此杂,属于海纳百川、包容并蓄的那种男人,哪用得着你替他闲操心啊。

朋友叹息道,关键是他没钱,又要找个综合型的。

自掘坟墓

某师兄跟我感叹,婚姻是爱情的坟墓。

他刚离了婚,很快又自掘坟墓。

写诗动力

小师妹打来电话,问我周末在干吗。我说我正混迹在一屋子的诗人中,听诗人们研讨诗歌。小师妹是富二代,很文艺,一听有这么多诗人,很感兴趣。在她心目中,诗人们都是风流倜傥的。

小师妹问我:有像徐志摩一样"高富帅"的诗人吗?有的话,我也赶过来听听,现场向诗人们学写诗。

我说:"高富帅"的没有,"土肥圆"的倒很多。

小师妹回答道:没有"高富帅",我学诗没动力。

她不想想,男人要是"高富帅",还需要在这里写诗吗?直接办诗刊去了。

不怯场

赴一个二婚朋友的婚宴。

朋友偕新娘在门口迎接，新娘略显拘谨，新郎神色自若。我们说，毕竟结过婚的人，"二进宫"，经验丰富，不怯场。

嫁女

参加老友嫁女的大婚典礼。老友的眼泪啪嗒啪嗒掉，用信天游的调子来唱就是"泪蛋蛋漂起个船"。

老友是一方豪杰，是个强硬派，向来说一不二。这是我第一次看见他流泪。

怜子如何不丈夫啊。

还有一个公安局局长更绝，说，如果小子敢欺负我女儿，我赶过去揍得他满地找牙。

郎怕娶错女

可怜老某,当年意气风发的大才子,被悍妇折磨成一个蔫不拉叽的小老头。

当年又帅又有才的老某,放着那么多的美女才女不娶,偏看人走眼,娶了悍妇,从此家无宁日。都说女怕嫁错郎,其实,郎也怕娶错女啊!

人间事,只有情字最难写。

明察秋毫

女友从老公游移的眼神中,看出了他的心思,最后查出了他身后的女人,两人离了婚。

看看身边的熟人,那些公认聪明能干的,却常在婚姻中遭遇滑铁卢,明察秋毫本是好事,但在婚姻生活中,真相比谎言更为恐怖。

歌颂

某诗人经过"资产重组",步入二婚殿堂。朋友聚会,他感叹:这婚姻果然是爱情的坟墓啊。自掘坟墓后,现在回家稍晚,就会被百般盘问,一点自由也没有啊。

想起一句话:诗人只有在吻到姑娘之前,才歌颂爱情。他们得到一个女人之后,就开始歌颂自由。

怪不得诗人们都那么多情。

开心

托尔斯泰在他的名著《安娜·卡列尼娜》中有一句名言:"幸福的家庭都是相似的,不幸的家庭各有各的不幸。"

我觉得,所谓幸福的家庭,就是在外再不开心,回到家中就能开心。而不幸的家庭就是,在外再开心,回到家中也变得不开心。

女神

一对夫妻当街吵架,唾沫四溅,吵得不亦乐乎。想起有句话说:"夫妻间就应该是狗咬狗,叮叮当当才好。"

想当年,有一悍妇打到其夫单位,大骂其夫,声言不离婚不是人。直到她老公去世,她还不是人。

她应该是女神了。

多巴胺

朋友花了五年时间结成婚,又花了十年时间离成婚。这一结一离,花去了他人生最宝贵的十五年。

科学家说,爱情不过是多巴胺、苯基乙胺、去甲肾上腺素、内啡肽等多种激素在大脑中作用的结果。

爱是一道光,照得你发慌。

开光

女友迷信,笃信开过光的东西有神力,她说自己的手镯是开过光的,茶杯是开过光的,家中的几个艺术品是开过光的,连腊八节喝的粥,也是开过光的。

她还要求老公经常走寺庙,最近她老公神采飞扬,红光满面。我怀疑她老公的脑门也被开过光了。

枕头

二十年前,某男结婚,初恋情人送来印有一对鸳鸯戏水图案的枕套当贺礼。

某天,老公说漏了嘴,老婆得知枕头是老公的初恋情人所赠,妒火中烧,操起大剪刀就把枕套剪成几块。

剪下的枕头布,她拿来给孩子当了尿布——她要用孩子的尿,把老公的情火浇灭。

防师兄

朋友夫妻,是师兄妹,在大学里就私订终身。现在女儿嫁的又是师兄,继承了乃父乃母的衣钵。

难怪大学校园盛行一句俏皮话:"防火防盗防师兄,赏花赏月赏师妹"。

主要矛盾

刘美人当年是校花,才貌双全,自称"爱情钉子户"的她,不愿将就,也不愿迁就,如今,十多年过去了,还是小姑独处。

我身边有不少像刘美人这样的大龄优秀女青年,都还没有找到人生的另一半。现阶段所面临的主要矛盾,是日益增长的大龄优秀女青年数量与同龄段优质男青年数量不匹配不平衡之间的矛盾。

邪门

几个美女让我帮着介绍男朋友。我说:手头暂时没货。这年头,剩女多,剩男少,歪瓜裂枣的男人娶了如花美眷,而有才有貌的女子却蹉跎了青春,真是邪门了。

区别

一猛男千辛万苦跟老婆离了婚,又千辛万苦跟小情人结了婚。婚后,别人问他,前妻跟现妻有什么区别?

该男苦笑道,没啥区别,唯一的区别是,以前饭后都是前妻洗碗的,现在则变成了我洗。

八卦

一个极具八卦精神的女友问我,说老某把微信签名改成了:深知身在情长在,怅望江头江水声。是不是老某找到第二春了?

老某是我们共同的朋友,离婚半年。

我啐了她一口,说,"深知身在情长在,怅望江头江水声",是李商隐他老人家写的秋游诗,老某引用了一句古诗,你倒好,把他八卦成找到了第二春。

下次

朋友结婚,应邀去喝喜酒,喝酒喝到一半,有人有要紧事得先走。

新郎父母说,拿点喜糖喜蛋再走。

那人心不在焉地说,下次再拿,下次再拿。

传宗接贷

银行拉业务，推出各种贷款，有彩礼贷、生育贷、墓地贷。生育贷，生一孩二孩三孩，利率有不同的优惠。

友人戏称：这是真正的"传宗接贷"。

这样的贷款，最好由下一代自己还。

随便

一个朋友，年过三十还没找到意中人。文化单位闲人多，热心人也多，那些婆婆妈妈问起他的择偶要求，他都说随便。架不住大妈们的反复追问，他终于说出自己的择偶条件：眼睛要水灵一点、牙齿要整齐一点、肤色要白净一点、个头要高挑一点、嗓音要清脆一点、笑容要甜美一点、身材要苗条一点、性格要温柔一点、手脚要麻利一点、工作单位要好一点、收入要多一点、家庭关系要简单一点……

铁的事实证明，随便的人最不随便。

情为何物

陈师妹到我家小坐，新男友同来。陈师妹是"三有女人"——有才有貌有脾气，前任男友苦追她三年，被她的刁蛮脾气搞得落荒而逃。没承想，小师妹在新男友面前，跟只小猫咪一样温顺。

问世间情为何物？就是一物降一物！

当然，也可能她是吃一堑长一智，吸取教训了。

手帕

一对情侣去看一部悲情电影，女友看得一把眼泪一把鼻涕，眼见女友餐巾纸用光了，男子赶紧从口袋里掏出手帕，递给梨花带雨的女友。

女友一擦眼泪，说了声什么味，就把手帕扔了回来。原来刚才递过去的是一只臭袜子。

情种

晚报的社会版登了一篇文章,题目比较煽情,很像一篇浓情小说——《街头偶遇女友 背影让人心痛》。看了这篇文章,我有四点感触。

其一:本地的情种还是蛮多的。

其二:有人说初恋总是难以忘怀。看了此文,深以为然。

其三:得不到的总是最好的。爱情尤其如此。

其四:绝大多数男人喜欢扮演救世主的角色,不管对方愿不愿意被解救。

最好的解药是,姑娘当面反问:你是谁? 我们认识吗?

爱她的理由

老林最近很苦恼,因为他的小女友比较作,一定要他写《爱她的101个理由》,写得好,才同意嫁给他。他绞尽脑汁想了50个就想不出来了,问在座的过来人有什么高招。

我替他支招,说你可以用梨花体、羊羔体写,"我爱你黑缎般的乌发/爱你黑森林般的长睫毛/爱你幽深如星空的眸子",从眉毛、睫毛写起,一路写下来,最后写到爱她的小腿肚子、脚后跟、脚指甲,这样岂止101个理由,1001个理由都有。

唬妻

卢兄说，这年头，离了婚，二手男人想重娶，易如反掌，但二手女人想再嫁，难于上天。

卢兄得意地说：老婆有时不听话，我就用话来敲打她说，你，四十岁的女人，要认清形势，否则咱们两人万一离了婚，我一个星期内，可以找个比自己小一二十岁的下一代当老婆。你呢，想改嫁，只能找找退休老同志了。

卢兄总结道：如此这般一吓唬，她现在对我好多了。

辑
五

把日子过成段子

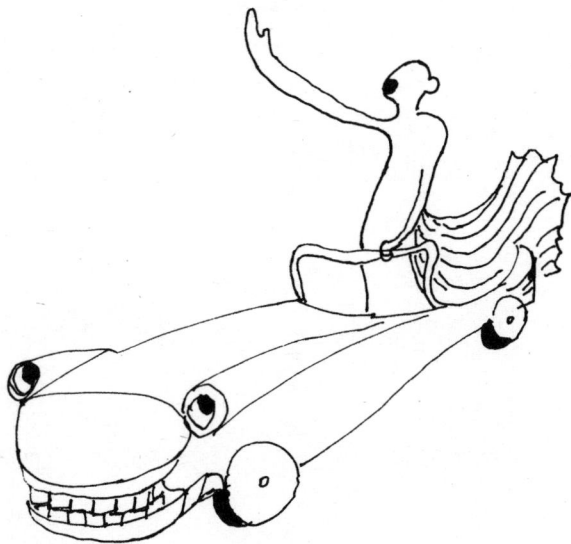

落寞

她相信,嘴碎之人必有过人之处。只是每当她开始唠叨之时,她的老公孩子就会犯间歇性耳聋,有时甚至借故遁出家门,这让她有一种"英雄无用武之地"的落寞。

吃软饭

有一段时间,报社食堂供应两种饭,一个饭桶装的是硬饭,一个饭桶装的是软饭。如同慢性咽炎是教师的职业病,胃病和颈椎病也是媒体人的职业病。故食堂想大家之所想,推出"软饭",恐大家不知,边上竖一纸牌,写着:软饭。

报社吃软饭的人很多,来得稍迟者便吃不到软饭,只好叹道:来迟了,软饭没有了。

边上人回应道:软饭是那么容易吃到的吗?

不好

朋友邀我到某地游玩。我不想出远门，又不想拂朋友的好意，就推说那个地方不好，不值一游。朋友说：你没去过，怎么知道不好？

我道：我没去过地狱，也知道那地方不好。

吃啥补啥

几位美女到我家做客。到饭点，我留客。

两大盘烧熟的梭子蟹一上桌，几位美女不顾吃相，大吃特吃，有吃蟹膏焉，有吃蟹肉焉，唯有谢美女埋头苦啃蟹脚。谢美女说自己明天去黄山，多吃蟹脚，可以补脚力，吃啥补啥。

我问：管用吗？

谢美女斩钉截铁：那当然！

我想，谢美女明天上黄山，一定是横着爬上去的！

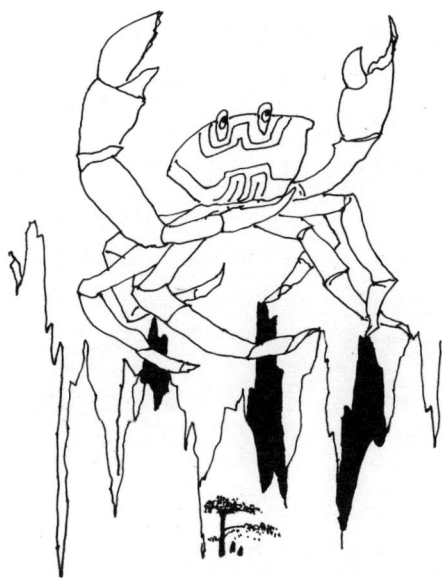

涨停板

李姐是资深股民,家里啥事都能跟股票连在一起。她女儿结婚后,一下子胖了十五斤。

她说:"好像两个涨停板。"

陈兄

陈兄告诉我,他在研究梵文。为了证明学有所成,他还用梵文问候了我。

陈兄此人,兴趣极其广泛,不,用"广泛"还不贴切,该用"泛滥"才对。他有时候研究美食,有时候研究美女;有时候研究死人,有时候研究活人;有时候研究洋话,有时候研究土话;有时候研究《三字经》,有时候研究《圣经》;他在新茶上市时研究茶道,在青蟹成熟时研究蟹道。

陈兄是本城唯一一个懂梵文的人。就算胡说八道,别人也不知道。

防伪标志

到朋友家做客,这一家人——老爸、老妈和儿子,门牙无一例外都长歪了。

朋友说,这是他们家的防伪标志。

工作量

去理发店理发。有事在身,催理发师剪快点。

理发师说,你头发那么浓密,增加了我不少工作量,按理应该收你两倍的价钱。剪你一个头,相当于剪人家两个头。剪人家的头发,相当于装修单身公寓,剪你的头发,相当于装修豪宅,工程量增加了许多。

我有点惭愧,因为头发浓密,增加了人家的工作量。我又有点得意,我的一个头,抵过人家两个头,而且我的头,还相当于豪宅!

排舞

李姐说,跳"更年舞"的人,越来越多了。

她把排舞说成"更年舞",说是更年期的男男女女跳的。

我说,年轻人也有跳的。

她说,那是为更年期提早做准备!

阿公

师兄某,少年得志,但头发稀薄得就跟青藏高原上的空气似的。第一次送儿子上幼儿园,幼儿园阿姨拉着他儿子的手说:快跟阿公说再见! 孩子虽小,也觉得让"阿公"送上学是件没面子的事,从此坚决不让老爸接送。

另有一友,五十不到,头发全白,去菜场买菜,卖肉大叔同他套近乎道:像你这样六七十岁的阿公,走路还这样骚健(本地方言,指硬朗健康),老实(本地方言,为实在之意)难得。

打折

我教导儿子:别人夸你的话,你要打一至五折听。别人批评你的话,你要全盘接受。

儿子道:不,别人夸我的话,我全盘接受。别人批评我的话,我打五折甚至一折听。这样我才活得开心。

情何以堪

与朋友在咖啡馆小聚。服务生一看就是新人,干起活来手忙脚乱、拖泥带水。我问:大学生吗? 来勤工俭学的?

男生羞涩点头。我见他动作实在太慢,帮着一起倒茶续水。

小男生说:怎么好劳你们亲自动手? 这让我情何以堪啊。

我一听,笑了,问:是中文系的? 小男生点头称是。

达人秀

单位搞达人秀。总决赛中,各路达人纷纷使出看家本领,主持人一激动,把"掀起你的红盖头",说成了"掀起你的头盖骨"。

露营

朋友提议,周末一起开车去某地,然后露营。

胖子老李人还没进门,肚子先进了门,听了这提议,坚决反对,说:露营是二十年前的事,现在人到中年,吃不消玩这个了。

我笑话他:呵呵,当年的运动健将,能从台州临海徒步走到杭州的精壮小伙,现在已被岁月催化成一坨五花肉了。

标题党

小刘姑娘通知:明天党员活动在龙井村,8点准时出发。

小崔道:我也去我也去。我搞自媒体,每回标题都起得耸人听闻,是资深标题党党员。

才女

朋友的女儿名校毕业,如愿考入一个好单位。我问她,你们单位某女还在吗?

某女是当年威震一方的才女,聪慧漂亮,是名校高才生,曾引无数才子竞折腰。

朋友的女儿眼睛睁得老大:啊? 不知道她有这么一段辉煌的历史,她看上去肥胖木讷,就是一家庭妇女啊。

岁月真的是一把杀猪刀啊。

要钱

师姐说,儿子平时见了她都是爱理不理的,只有要钱时,嘴巴才跟抹了蜜似的。

某一日,儿子跟老妈说:老妈,我们同学说,我们班的妈妈里,你长得最年轻。

师姐说:说吧,你要多少钱。

马上就到

朋友聚会,只差洪才子。洪才子说马上就到。主人说马上就到,那就上菜吧。

结果两小时后,洪才子才出现在饭桌上——洪才子说"马上就到"的时候,人还在七八十里外的家里。

埋在冬天里

下雪天,一帮朋友聚会。有人喝高了,拿着个酒杯当话筒,赖在沙发上大声嚎唱:"如果有一天,我悄然离去,请把我埋在这春天里!"

他唱来唱去都是"把我埋在这春天里",有人实在按捺不住,跳将出来:别唱了! 如果你愿意,不用等到春天,我现在就把你埋在冬天里!

没空接见

女友到香港出公差,给在香港中文大学的儿子发短信,说抽空去看他。儿子回信道:我很忙,没空接见你。

一女友,隔三岔五给儿子发长消息沟通感情,无论多长的短信,儿子只回一字:阅。

在儿子面前,母亲就是弱势群体。

正规军

车子年检,电脑里一查,我一个违章记录也没有。

赵兄自诩开车技术了得,有二十年驾龄,动不动打击我,说我技术差,开车属野路子,不是"正规军"。没承想,他倒吃了四张罚单。

终于可以理直气壮地反击了:我这个野路子,比你这个"正规军"强多了!

发开了

过了一个年,朋友们的天庭更加饱满,地阁更加方圆,尤以阿荒为甚。过年前,阿荒的脸,是一枚胖大海干果,过了一个年,他的脸,就像泡了水的胖大海,发开了。

好事一轿车

苏美女的车子进了修理店,这几天,我邀她搭我的顺风车上下班。

苏美女毫不吝惜地给我戴了很多顶高帽:知书达理,德才兼备,贤良淑德,顾全大局,古道热肠,雷锋再世。

我这人最大的弱点,就是经不住表扬。我赶紧表态道:人家雷锋好事做了一火车,我怎么地好事也得做他一轿车吧。

花花

按大学训诂学教授的说法,古代汉语中,"华"通"花",华者,花也。我一个朋友叫哲华,我们都叫他哲花。另一位叫华华,我们都叫他花花。还有一个叫大华,就叫大花。

在暗处

在红绿灯前等候通行。从平行车道的奥迪车里探出一肥头,师兄冲我笑:不错嘛,投笔从"融(金融)"后,会开车了! 动作还很潇洒,一只手打着拍子,嘴里还哼着歌。

我说:你咋知道的?

师兄道:我跟你后面好长一段路了。

建议师兄换个岗位,调去国安局。

结账

女友请我吃饭,吃完去结账,服务员问:有没有什么要退的?

这小妞豪气地手一挥:没有,全吃进肚子里了!

我这女友,胃口巨好,身材巨好,这是她平生第一得意事。

减肥

很佩服某男的毅力,减肥一减就是二十斤,把肥头大耳减成了刀削面。

乌鸦嘴

单位的小美女兴奋地跑过来跟我说,三年前,某某味庄刚开,火爆得不得了,你说它要倒闭,我今天经过那里,发现真的关门了耶。

我说:一年多前,就关门了。

小美女夸道:你真是铁算子。上回你说某某电器、某某面店、某某日料店要倒,果然都给你说中了!你说谁跟谁过不了多久,果然他们离婚了。神呀,真神呀!

我回家,跟赵兄兴奋地吹牛,说兄弟我料事如神,堪称铁嘴!

赵兄说,快别这么说,小心人家把你当成乌鸦嘴!

红眼

苏美女最近出差频繁,从北到南,到处奔波,吃得香却睡不香。出差回来,双眼赤红,好像《水浒传》中的"火眼狻猊"。

我给她接风,问她想吃什么。她说,我眼红得像小白兔,晚餐你给我搞两根胡萝卜,我啃啃就成。

香灰

我学车时,赵兄陪着一块儿去练手,顺便给我壮胆。

赵兄说,你看那么多学车的人,有谁是有家属陪同的?再说,方向盘在你手上,我在边上光看有啥用?

我说,有用有用! 你的作用类似于善男信女烧的香——起个精神安慰的作用。

小名

去书画院看展出，同方画家一起。他带着孙女来，小孙女长得活泼可爱。

我问她：小姑娘，你的小名叫什么？

小女孩甜甜一笑：我没有小名，妈妈叫我心肝，奶奶叫我宝贝。

古董

徐总从大洋彼岸回来，他是古董商，经常出入佳士得拍卖行，还把古董生意做到美利坚合众国。

开头我还纳闷，人家"米国"历史才二百多年，有啥古董可买卖的？我家祖宅的砖头都比它有历史。

徐总说，死脑筋！"米国"没甚古董，美国华人手中古董有一大把啊。

硫酸

在台湾,泡温泉。刘导介绍说,这温泉很出名,硫酸含量很高的。

刘导口误,把硫黄说成硫酸了。

我纠正道:是硫黄,不是硫酸。如果是硫酸,我们下池子后,就变成白骨精了。

园艺师

采了紫茉莉、茑萝的籽。紫茉莉的籽就像小地雷,剥开后,是白白的粉,旧时女子化妆用的就是这玩意。茑萝的种子小小的,就像是芝麻粒。

汪曾祺喜欢工艺,他说:"我应该当一个工艺美术师的,写什么屁小说。"

我这么喜欢园艺,其实也应该当一名园艺师的,写什么屁文章呢。

安慰

苏美女在外出差,胃痛把她折磨得昏天暗地,连着四天,只能喝点薄粥。第五天,她发烧了,粒米未进。

苏美女打电话跟老公诉苦,老公是"直男",很认真地安慰道,一天粒米未进,死不了。医学专家说过了,一个人不吃饭,光喝水,能活好几天。

百脚蜈蚣

刚学会开车那阵,手脚不利索,脑子更不利索,打起方向盘,感觉有千斤磨盘那么重。

某次我感叹道:两只脚不够用啊,又要踩离合器,又要刹车,还要踩油门,要是像蜈蚣一样有多只脚就好了。

苏美女在边上说,那你得是蜈蚣精才行啊。

但是,这么多只脚,买鞋也是麻烦事。

加好友

几次申请加儿子好友，几次申请成功，又几次被拉黑。跟几个女友一交流，她们家的儿女也是如此做派，要么拉黑她们，要么在微信上屏蔽她们。

我跟赵兄申诉：哎，你儿子不让我当他好友！

赵兄道：你为什么要做他的好友呢？你好好当他的妈还不够？

助消化

在商场碰见牟姑娘。

牟姑娘说，刚吃完饭，我到商场逛逛，买点喜欢的东西，消化消化。

逛商场助消化，这个幌子打得好。

只要钱包鼓，可以天天进商场消化。

心愿

周末去台州神仙居。这山一爬就是四小时，下山时，累得眼冒金星。

我问赵兄，此刻你希望变成什么？他说，当然是自由的飞鸟。

我说，我只想变成一只屎壳郎，可以抱着干粪球，不用费力气，从山顶一路滚到山下去。

禁烟

一友，烟瘾甚大，妻女在家给他强制禁烟。

他先是躲在卫生间抽，被小女举报。躲到阳台上抽，被妻子禁止。最后，经过与妻女的几番民主协商，被恩准可以到厨房的抽油烟机下抽。

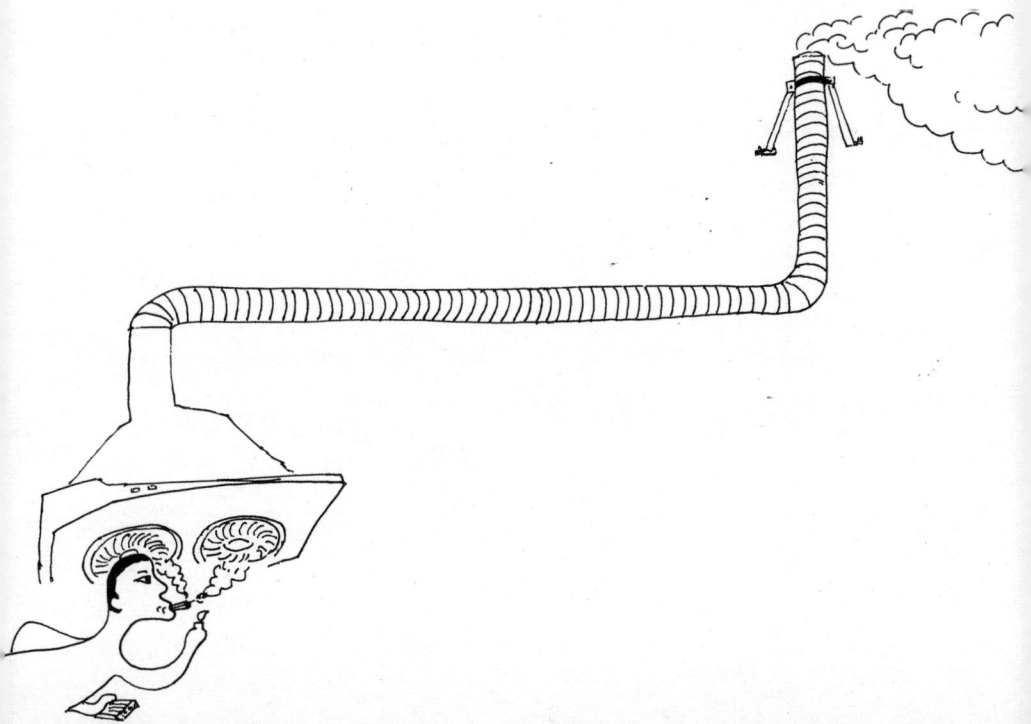

误会

散步碰到一位姓朱的朋友,我热情招呼他,朱头,好久不见。

他女儿听我如此称呼她爹,捂嘴直乐。

我解释道,你爸他老人家姓朱,在单位当头头,故称他为朱头。

他女儿说,我还以为你叫我爸猪头呢。

我说,你爸这么瘦,叫你爸猪头不合适,等胖些再叫。

银 牙

登山时,女人拖着老公的手撒娇:妈呀,累死我了,我就是咬碎银牙也爬不到顶了。

我看了一眼她的烂牙,心想,你哪有什么银牙,要咬也只有四环素牙!

龙床

暑假,儿子参加中德学生文化交流团,到德国、意大利、法国走了一圈,在结对的德国小洋人家住了一星期,小洋人一家好吃好喝款待了他一周。一个月后,小洋人来中国回访,要住我家一星期。

来而不往非礼也,我拿出最高标准接待,还让小洋人睡家中那张有百年历史,被我称为"赵家物质文化遗产"的雕花老眠床。

小洋人激动坏了,一宿没睡好。次日用不流利的中文,结结巴巴问我,这是不是中国皇帝睡的龙床。

我解释说,我儿子往上数三十三代的祖宗,确实当过宋代的皇帝,但他没有睡在这张龙床上过。

饮几瓶

十年来最大的一场雪说来就来。冒着纷飞的大雪，我带着北京来的朋友，驱车一个半小时到海边吃海鲜。"绿蚁新醅酒，红泥小火炉。晚来天欲雪，能饮一杯无？"

雪夜喝酒有意趣，只是"饮一杯"在豪迈的海边，变成了"饮几瓶"。

四个小时后回家，积雪已是厚厚一层。途中，我得意地问北京朋友，北京有这么大的雪吗？

这哥们说：呵呵，你也太小看咱们伟大的首都了，北京的雪比这里大多了，堵车比这里厉害多了，天空比这里灰多了。

卤猪头

林太太是位很有喜感的美女,主持报纸情感栏目多年,那些情感上的迷途羔羊都视她为"情感教母"。温州同事请她吃过一次温州的卤鹅掌,她觉得此掌只应天上有,人间哪得几回啃。同事回老家省亲,她交给他一个光荣而艰巨的任务——买三十斤卤鹅掌带回杭州!

我本来想请她吃家乡的卤猪头,但又有点担心,怕她到时让我拎三十个猪头上来。

车技

一个车技不太好的女友取笑我车技太差。

我说,你听过这句话吗,五十步笑百步。我们这叫十步笑二十步。

胖瘦

　　与老画家聚会,我披了一条带流苏的大披肩往前,李老说我像《八十七神仙卷》中的仕女。我美滋滋地理解成,李老说我围着大披肩,有出尘之气。

　　赵兄打击我:画家说话都比较含蓄,李老说你像《八十七神仙卷》中的仕女,是说你长胖了。

　　出差一周回来,又见到李老。李老说:几天不见,你脸上的轮廓分明了。

　　我的理解力有长进了,画家这是说我变瘦了。

胖头鱼

　　丰满美女下了池子,同伴说:啊呀,美人鱼下池了。

　　李兄开玩笑说:是一胖头鱼公主。

力气

出差一周刚回到家,女友的追魂电话就打过来了,约我吃饭逛街。

我说:到时再说吧,我现在累得连说话的力气也没有了。

挂了电话,见桌上有山核桃,大喜,啃个不停。

儿子在边上戳穿我:你不是说连说话的力气都没有了?怎么啃核桃的力气还那么足!

全自动

路遇金公子。

金公子一脸喜气,他说自己换车了。

我心不在焉地问:是手动的还是全自动的?

金公子道:罪过罪过,我的车又不是洗衣机,还全自动呢。

形式主义

每年端午的早上,总是睡不安生。想着要贴五毒图,要挂菖蒲剑,还要买"五黄"过端午。

儿子见我忙活,说,年年端午,年年贴五毒图,年年挂菖蒲剑,年年吃"五黄",这是形式主义!

我说:形式主义不搞不行。不搞形式主义,哪来的过节气氛?哪来的仪式感?

怪不得人们乐此不疲。

买粉

师姐开讲座,动员儿子去听课。儿子不肯去,说要找同学玩。师姐许诺他去听课的话,给他一百元听课费。儿子看在钱的分上,喜滋滋去了。

我笑道,你这是典型的花钱买"粉"。

新鲜

跟法医同桌吃饭,就餐时,法医说,今天上来的海鲜都不新鲜。

我说,没事,只要跟你一起吃饭的人新鲜就好。

情调

刘美女请吃晚饭。带我到一处极有情调的茶馆,店里到处垂着纱帐,影影绰绰,烟雾袅袅。我觉得,这地方不用来说情话,被我们用来说废话实在可惜。

让我点菜,我点了咸菜和干锅猪大肠。刘美女抨击道,呵呵,你的风雅是挂在嘴上的,一点菜,就露出了尾巴。

为了藏好尾巴,下回刘美女再请吃饭,我一定点踏雪寻梅、锦绣红鸾、彩云飞凤之类。

励志面

朋友在微信朋友圈说:周末,独自在家,懒得出门又饥肠辘辘,但心中一直有个坚定信念,我一定要活下去。于是,我就做了这碗其貌不扬但十分励志的面。

确实,照片上这些面条一根根如建筑现场的钢筋,张牙舞爪。

起名

朋友在微信朋友圈发了他家爱狗的照片。

看到狗,我的起名癖又犯了。

我说:爪白,可起名踏雪。

朋友说:应再加二字——寻梅。

朋友又觉得一条小公狗,起太过诗意的名字不合适,思忖片刻,最终定名为:踏雪寻妹。

局部红肿

赵兄生了麦粒肿,眼睛局部地区红肿,整日戴着墨镜进进出出。我开玩笑说他看了不该看的东西,给他买了一瓶眼药水、一支红霉素药膏,配以热敷,没几天,好了。

我十分得意,问他,你老人家怎么感谢我?

赵兄说,给你送面锦旗吧,街头游医都是有锦旗的,比如"华佗再世""扁鹊重生""悬壶济世",你要哪一面?

代夫出征

大伙凑在一起打牌。苏美女有十年没打过牌了,朋友说她牌技差,不让她上场。

她趁老公出去接电话的工夫,迫不及待地上场。

朋友说,怎么是你来?

她说,我这是代夫出征。

护士长

胡市长生病去医院挂点滴，下属找胡市长办事，问白衣天使，胡市长在哪？

白衣天使说，我就是护士长。

下属说，我找胡市长！

白衣天使有点不耐烦，我就是护士长，要打针，排队去！

倒立

有一奇人，年过半百，但貌若三十，他说他的养生秘诀就是练倒立。座中儿人摩拳擦掌，说晚上回家就倒立。

奇人动员我也练倒立。我不想练，就编了个理由说，我不练，我怕一倒立，血立马就会倒流到脑袋里，引发脑出血。

黄脸婆

过端午,家里吃"五黄",黄鱼、黄鳝、咸鸭蛋、黄瓜、黄酒。自"避孕药黄鳝"曝光后,黄鳝彻底被我撤下了餐桌。

吃端午饭时,赵兄说,端午的"五黄",少了一样黄鳝,变"四黄"了。今年端午,规格下降了啊。

我说:不少,加上一个黄脸婆,刚好是"五黄"。

人品好

排队打菜时,身后的两位老同事对我的头发产生了兴趣,说我的头发"墨桶黑",没有一根银发,而他们已早生华发。

松松说,主要是肝好,头发才好!

虞帅哥说,不,肾好,头发才好!

我很想大声宣告:主要是我人品好!

共振

陪赵兄回乡下过春节。

这一天恰巧是情人节,土节洋节凑在一块儿了。晚上女友发短信给我,问我在哪里浪漫?我回信曰:在乡下,没有浪漫,冻得咯咯抖。你呢?

女友回信:我一样,在乡下夫家,也冻得咯咯抖。咱俩算是共振吧。

好 一 点

三八节的口号,女人就该对自己好一点。

对自己好一点的结果是,这个月又比上个月重了三四斤。

依据

苏美女信誓旦旦地说要早起锻炼身体,却总是不见行动。这几天发烧,她躺在床上左思右想,越发感到锻炼的重要性,于是又说起这事。她老公说要把这话录下来作为依据,看她还敢不敢说话不算数。

苏美女说,根据法律规定,未经本人允许,擅自录音,不得作为依据。

在家中,什么都不如家法大。

火腿

大热天,朋友的儿子穿了一双红袜子,翘着脚问我,阿姨,你看我穿红袜子神气吗?

我说,神气,像长着两条火腿。

含蓄

最近哪壶不开偏提哪壶的人特别多,见了面,老说我胖了。哼哼,也不知道说得含蓄点,比如他们可以说,从你的脸上,可以看出祖国人民的生活水平在不断提高,或者说,你的面相越来越慈祥了,接近普度众生的菩萨面相了,或者说,你最近的肠胃吸收功能很好啊等等。

说得这么直奔主题,一点也体现不出咱汉语的博大精深。

不如狗

苏美女爱狗,说到她养的泰迪,语多深情。她的手机里,存的不是老公的照片,而是泰迪的玉照。她称老公为糟老头,称泰迪为小宝贝。她每周给泰迪洗澡,却从未给老公洗过脚。

她老公自嘲说,自己的家庭地位还不如一条狗。

过年

所谓年,借用樱桃小丸子的话来说,就是:集中精神专心睡觉和多吃点东西。

身边一个富婆,失眠多年,白天数钱,晚上数羊,恨恨地说:没心没肺的人,睡眠质量都很好。

我说:哎呀,给你老人家说中了,我就是没心没肺的人。

终成大师

苏美女神秘地拿出一份礼物送我,打开一看,原来是一牌子,上书:驾校除名,自学成才。

估计这妞上回坐我的车,被吓着了。

我说:少写了四个字。

苏美女问:哪四字?

我说:终成大师。

哑嗓

苏美女去看张学友的演唱会,三个小时的演唱会下来,她的喉咙也快跟着唱哑了。

我说:人家张学友拿了几百万出场费,喉咙唱哑了是应该的,你没有一分钱出场费,喉咙怎么也会哑?

汗血宝马

坐单位公车出差,但见一彪悍同事拎着一饭桶上车。问他出门不带行李带饭桶是什么意思,他说饭桶里装的是八宝粥,半夜饿的话,可以当夜宵,马无夜草不肥嘛。

同事说,我不经饿。一饿,就浑身出汗。

我说,你简直就是一匹汗血宝马啊!

较量

除夕夜,向赵兄请教某个典故的出处,赵兄逮着机会,扬扬自得地抖搂了一下自己的古文功底,还让我喊他为老师。

我不服,拿出马年拜年词让他念:骅骝驰骏骁,骊驹驻骄骜;骐骥骇驽骀,骕骦骞骙骉。

我向赵兄承诺,如果他全念对并解释得出每个字的意思,我每天向他请安并执师礼以待。

极端

赵兄说,人不可走极端,辟谷与暴食都是极端。

我说,找最喜欢走极端了,要么辟谷,要么暴食,要么大爱,要么大恨。我觉得,生活有时需要来点激情,人生才不至于那么平淡。

饭量

谁说文艺界人士不食人间烟火？他们食起人间烟火，比谁胃口都要大。某书法家，以大肚著称，一顿饭通常可以干掉七八碗米饭。某次晚餐，他说自己要少吃点，结果当晚"仅"吃了五碗米饭。

某画家与我同桌，中餐吃了五碗米饭，五只包子！我说，看你的食量，不像画写意山水的，像画劳动人民的。

交头接尾

快开始录制节目了，导演严肃地提醒：节目开录时，请在座的各位不要交头接尾！

导演一激动，把"交头接耳"说成"交头接尾"了。

油炸屎壳郎

出差去昆明,老同学尽地主之谊,请我吃云南特色菜。

我很想尝一下西双版纳的特色菜油炸屎壳郎。

饭店没有。回来后,我一直念叨着云南云南。

我对赵兄说:我是一个多么深情的人啊。去了一趟云南,念念不忘那山那水那花那人。

赵兄一针见血地说:你恐怕是惦记着那里的油炸屎壳郎吧。

前生

王燕曾感慨自己前生是一棵树,一到秋天就开始落叶,她说如果不是自己底子好,估计都成光头强了。依此推断,头发浓密的我,前生一定是一蓬野草!

两个时代

鲁迅说,中国的历史只有两个时代,一是想做奴隶而不得的时代,二是暂时做稳了奴隶的时代。

苏美女说,为娘的也有两个时代,一是暂时做稳了老妈子的时代,二是想做老妈子而不得的时代。

小时候

老父亲拿出老相册跟我忆往昔。我翻看着小时候的照片,有个惊人的发现:9个月大时,我的双眼就闪烁着睿智的光芒;14个月大时,我就很有文艺范儿了;5岁时,我就具备了女文青的气质。我自恋地感叹道:我小时候是多么可爱啊!

赵兄很煞风景地来一句:谁小时候不可爱啊!

起名问题

才女王燕说：我这个名字是中国最大众的，上大学时，一层楼的宿舍就有四个同名的，别人叫我都得把房号挂前面。你的名字就很洋气，早认识你，我就改名成王冷了。

我说：名字叫燕很好，尤其适合昵称，什么燕燕、小燕、燕儿、燕，昵称又温柔又亲密。名字叫冷就不宜叫昵称，什么冷冷、冷儿、冷，都不对劲。

入睡

机场候机室，两个胖男人在众目睽睽下，公然睡着了，发出打雷似的鼾声。

长得像三黄鸡的那位黄脸汉，鼾声如平地起雷，直冲云霄。长得像乌骨鸡的那位黑脸汉，鼾声曲里拐弯，如九曲回肠。

很佩服他们有把哪儿都当床的勇气。

我是何样人

摔了一个杯子。

赵兄说，啥好东西到你手里，都给糟蹋了，这说明了什么？

我理直气壮地说：说明我是一个善于破坏旧世界，创造新世界的人。也说明我是一个推动经济前行和社会进步的人，一个毫不利己却专门促进 GDP 增长的人。

火大

不到北京不知道自己火大。帝都的冬天是如此干燥，这几天，没见到什么仇人，眼睛却红了！每天牛饮似的喝水，嗓子还冒烟，嘴唇还起泡！脸皮紧得跟棕绷似的，额角也冒出了痘痘。感觉自己又回到了二八年华！

银货两讫

胡姑娘说，上周拿去修的旅行箱拉链已修好，你可以去取了。

我问，要凭证吗？胡姑娘说，不用，你去便是，你的脸就是凭证。

呵呵，我怕付钱取回旅行箱后，店员在我脸上盖个"银货两讫"的章。

公平

郭美女愤愤然跟我控诉：上帝不公平！

我说：咋啦？姑奶奶，谁又惹毛你了？

郭美女说：有的女人天天大吃大喝都不长膘，凭什么我喝口凉水都长肉？

我说，为什么有的女人一天到晚累死累活养了自己还要养家？为什么你在家潇洒还这么作？

喝稀

到陕北的山沟沟培训五天,顿顿吃稀饭,小米稀饭、大米稀饭、黑米稀饭、薏米稀饭、红枣稀饭,连吃了十多顿稀饭,创下了历史新高!

班主任说:我们这地方的小米粥养人呐。等你们学成回家,家人必定会看到一个身轻如燕、仙风道骨、两眼放光的小仙女。

解忧

曹教授上课时说,在咱们陕北,男人忧愁唱曲子,女人忧愁哭鼻子。

我说,在咱们江南,男人忧愁碰杯子(借酒浇愁),女人忧愁花银子(购物减压)。

玄乎

所谓高人,就是把简单的问题复杂化,把直白的话语深奥化。

茶艺课上了一周。没学会如何优雅地冲泡乌龙茶,却学会了几句玄乎的话——"水为茶之父,器为茶之母""活水还须活火烹""如鱼目微有声为一沸""盛世喝茶,乱世喝酒""三龙护鼎,三口见底"……

我一念叨起这几句,苏美女就觉得我的茶艺到了高深莫测、出神入化的地步。

打猪血

苏美女说,五天工作日,跟打了鸡血似的,斗志昂扬。两天双休日,跟打了猪血似的,懒懒散散。

茶气表演

通过了茶艺师考试,自然要回家抖三抖的。晚上在家,得意扬扬地给赵兄做了专场汇报演出。

演毕我做谦虚状,问赵兄:学艺前后,我的泡茶功夫可有区别?

赵兄说:学艺之前,半分钟内能喝到茶。学艺之后,玄玄乎乎搞半天,八分钟还没喝到一口茶。

先发展再治理

卢兄请吃泰国菜。席间两个立志减肥的女人,面对酸辣香浓的泰国菜,意志崩溃,自我开脱道,只要菜好吃,管他脂肪热量! 大不了吃饱了再减肥!

先吃饱再减肥,跟先发展再治理一样,走的是同一条路子。

想法

唉,一到良辰美景时,就想当个无业游民。

一到工作得筋疲力尽时,就想当个全职太太。

两面派

我是个两面派,对老外八九十岁玩跳伞玩蹦极开飞机大加赞赏,却对自己的八旬爹娘,灌输"人过七十不出门,出门不过夜"的糟粕,希望他们安稳在家,以免出门在外磕着碰着摔着病着。

但他们经常来一场说走就走的旅行。好吧,那就求遍东西方的各位佛呀神呀,齐齐保佑爹呀娘呀出游顺利,愿他们在花花世界玩得开心。

社会的进步,全靠下一代的不听话。老人的快乐,也是如此。

横着出来

施哥一向以酒量超好著称,他说自己因为酒量好,所以在酒席上,经常是直着进去,横着出来——酒喝醉了,被人抬出来。

敞篷车

出差到师兄的地盘,师兄说等会儿他和太太亲自开车来,接我去饱览当地的大好河山。师兄爱车,家里的车多得足以组成一个车队,他问我:喜欢坐跑车还是越野车,由你挑。

我说:想坐敞篷车,就是电视里见过的,检阅用的、上面装有话筒和扩音设备、可说同志们好的那种敞篷车。

情调

这段时间在延安培训,每天一早发些花呀草呀的照片。老党员蔡耘同学批评道:在延安,你没有收获一丝共产党人的心得,全是小资产阶级的情调。

我理直气壮地告诉他:我这是继承领袖"战地黄花分外香"的浪漫主义衣钵!领袖在内外交困的战争年代,还为花花草草赋诗,我在和平年代有什么理由不赞美祖国的一草一木?

压轴大菜

朋友聚会,按主人要求,每人必须贡献一个拿手好菜,我总是申请做压轴的那道海鲜大菜——虾皮紫菜汤。

意见

晚上聚会,少了应某人。饭前他发来请假条:下午刚开完学习会就接到通知,晚上集中观影,聚会我来不了了。

对此,兄弟姐妹们有如下几条意见:1.不参加聚会,没走群众路线;2.看电影中途可以尿遁的,你行事不够灵活;3.二十年一次的同事聚会也敢不来,不重情义。

周末

我想编一本日历,上印:今日宜赖床迟起,宜睡回笼觉,宜做白日梦,宜吃喝,宜玩乐,宜赏花,宜看闲书,宜吃大餐,不宜节食。

不知道有没有市场?

检讨

小洪最近比较烦,他把某事办砸了,领导大怒,让他深刻检讨。小洪愁眉苦脸地向我讨教,检讨书如何写才算深刻。

我支招,小时候作文考试,把自己写成孤儿就能得高分。现在你把自己往十恶不赦写,再从灵魂深处批判自己的每一个毛孔,估计领导就开恩放你一马了。

精神

教授说,"战地黄花分外香"是一种积极昂扬乐观的革命精神,表达了一个大无畏革命者的博大胸襟、浪漫情怀、英雄气概和生命豪情。

别的我还差得远,但这种胸襟呀,情怀呀,气概呀,豪情呀,我全有!

架子

散步遇见师兄,跟他打招呼。他没听见。我上前几步大喊一声。

我嗔怪道:架子不小,叫你几声都不应。

师兄说:我又不是架子鼓,何来架子?

古墓教

李师兄是个奇人,文章写得好,能赚钱,旁门左道也搞得煞有介事,什么奇门遁甲、鱼骨占卜、八卦解梦,无所不知,尤喜捏着人家的手看掌纹,时不时夜观天象说什么紫微式微、天煞明亮、东南方雾霾、西北方凶兆云云。为衬托自己的"仙风道骨",师兄非穿中式大褂不出门。

近来散步遇见师兄,却见师兄穿了件洋装。衣服上,一个骷髅头下打了个叉。我以为他新近加入了"古墓教"。他却说,此衣是儿子淘汰掉的,值两千大洋,扔掉了罪过,就拿来穿了。

纯圆皇后

路上碰到闺密,我调侃道:几个月没见,你咋像吹了气似的胖起来,变纯圆皇后了。

"纯圆皇后"很自信地说:胖也有低端和高端之分,低端的胖是给人感觉油腻腻的那种胖,本人属肥而不腻型,是高端大气上档次的胖法。

你放心

的哥早饭未吃,他左手拿着豆浆杯,右手捏肉包子并握住方向盘,左右开弓,吃口肉包喝口豆浆,还能把车开得飞快。

红绿灯前他来了一个急刹,要不是我系了安全带,就要撞上窗玻璃了,我忍不住提醒他:师傅,你小心点!

的哥豪迈地说:你放心,我不会吃噎着的!

拉二胡

到女友家,发现她家客厅搁着把二胡,手痒,拿来就拉! 想自己革命早期学过吉他、口琴,好歹也算个女文青,总还有那么丁点艺术功底在。

我闭着眼拿起二胡瞎拉一气,才拉了半分钟。朋友的老公从里屋出来说,拉得好! 让我想起我爷爷!

我得意地问,你爷爷是二胡高手?

朋友老公说,我爷爷是锯木厂的。

硬气功

我种的水姜花被人偷剪了一大半,我的怒发一下子冲了冠,很想拿块砖头在他们面前练硬气功! 哼!

女友问:你怎么练? 是要拿砖头拍自个儿的脑门吗?

锥子脸

民国时期的广告女郎珠圆玉润,面如满月,个个都是大饼脸。现在的模特儿,都是脸上没有半两肉的排骨精,个个长着锥子脸。

作怪与妖怪

某男感叹道,小的十六七八,进入青春期的作怪阶段,老的四十七八,进入更年期的妖怪阶段。做男人难,做已婚的男人更难,做家里有两个女人的男人真是难上加难啊。

不要讲理

急诊室女超人于莺说,对付女人啊,第一不要讲理,第二必须要哄,第三礼物要多,不必太贵重。

女人这种动物,确实如猫。问题是,中国男人都太喜欢讲理了。

受不了

在茶室喝茶，对面桌来了两个老头，一坐下，不停地擤鼻子、清嗓子，有痰的喉咙管像下水道一样咕噜有声，还"呸"地把痰吐地上。

我面露嫌弃。洪姐批评我，不能因为人民群众擤点鼻涕、清点嗓子、咳点痰就受不了。我说，就算女王坐在这又擤鼻子又清嗓子，我也受不了。

酒气

汪美女在微信上说：飞机上，边上坐着个中年胖子，满嘴酒气，我的呼吸被酒气侵占，这酒气，好像是茅台。

我今天坐动车，边上也坐着个满嘴酒气的汉子，一呼一吸间，快把我熏晕了。不过，他呼出的酒气像是杨梅烧，档次比汪美女身边的酒鬼低了一大截。

气节

一家人赏花,相机前,我露出八颗牙,儿子一颗牙都不肯露。

问他为啥不笑?他说:我们男人不喜欢花,喜欢竹,看到竹我才笑得出来。

我儿子多么有气节啊!

重要讲话

喉咙哑了几天,一觉醒来,发现自己能发声了,有种"翻身农奴把歌唱"的喜悦。嘿,巴扎嗨呀巴扎嗨!

我无法说话的这几天,赵兄觉得耳根子甚是清净。哼,今儿个我又可以开金口了,我得把当哑姑几天没说话的损失夺回来。咳咳,我先就早餐中餐等民生问题发表几个重要讲话!

人 生 目 标

读小学时,我志存高远,想成为另一个居里夫人。读初中后,我迷上了武侠小说,又发现自己左脑不发达学不好数理化,就及时调整了人生目标,想成为飞檐走壁的女侠。读高中时,我迷上了三毛,又想学三毛披头散发为爱走天涯。

现在我的理想很现实:两亩地一头牛,一觉睡到日照头!

脑 力 劳 动

苏美女说:五一劳动节,你不拖地不洗衣不头菜,光看书不劳动,所作所为与该节日的名称不相符。

我反驳道:我边读书边思考,一大早就开始脑力劳动了,脑力劳动是更高层次的劳动。

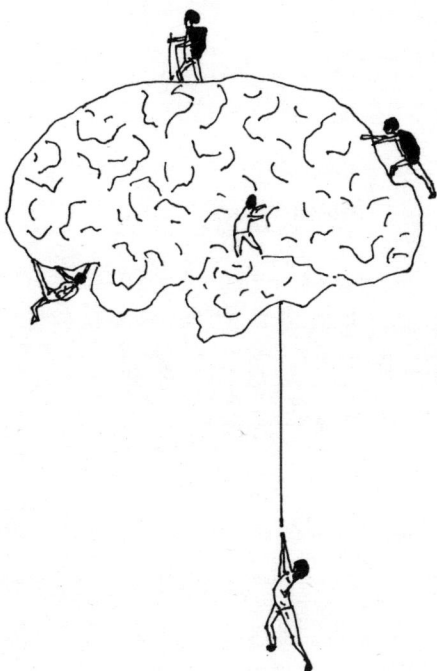

尾气

一位资深美女跟我抱怨道,男人都一个德行,追求你时,把你当氧气,结了婚后,视而不见,把你当空气,现在孩子大了,把你当废气。

我说,还得提防他把你当尾气。

喝热开水

忙得脑壳儿疼。赵兄说,多喝点热开水。这个从出生到现在,只挂过两回针,搞不清盲肠与大肠,分不清心与肺究竟在哪里的猛男,对我的任何不适,开出的都是以不变应万变的药方。一是睡觉。最常说的话是,好好睡一觉啥病都没了。二是喝热开水,什么感冒什么胃痛,所有疑难杂症到他手中,都用同一法子——喝热开水。

后来一问,姐妹们的老公也都一个样。难道结婚前统一培训过?

思考的深度

每次身染小恙,我都会发现自己思考问题的广度和深度得到了进一步提升,对人生的感悟也更深刻了。比如,为什么知识分子会跟古代的农民伯伯一样,有时候相信巫术胜过医术,相信偏方胜过药方?

比如,像鲁迅这样的火暴性子,如果他不弃医从文,成为一名医生后,会不会经常跟病人起言语冲突,导致医患纠纷?

比如,香灰的心理安慰作用与人文关怀精神有何内在联系?

赵兄以许多历史事实说明,香灰的作用比喝心灵鸡汤更大。

赘肉

上班路上遇一师兄,我夸奖他,毕业三十多年了,还保持着魔鬼身材,脸上没有一丝赘肉。师兄说,我脸上没有赘肉,钱包里也没有赘钱。

烤肉

黄皖湘跟我诉苦道:从手足长泡到口腔溃疡再到扁桃体发炎再到剧烈咳嗽,斗争了半个月,我觉得这股到处乱窜的毒是真的压不住了,不锈钢的肺也架不住咳到半夜三点啊⋯⋯

我以一个过来人的身份现身说法,劝她试试艾灸。结果,黄娘子说:我肉多脂肪厚,怕烤着烤着,医生忍不住就一把孜然撒下去了。

帅得掉渣

苏美女的公子读初中,见我们在闲聊,挤进来跟我们说七说八。小屁孩不知多少天没洗头了,说话时头发一甩,头皮屑掉了一肩膀,苏美女让他看看自己落下的头皮屑。

小屁孩说,看什么看,我这叫帅得掉渣。

老二

师妹问我在家排行老几。我说老二,师妹说,一般来说,老二在家都是受气包,上有大,下有小,大的受重视,小的被娇宠,只有排中间的最不受待见。

师姐反驳道,才不是呢,你看四大名著里,凡是排行老二的都是不一般的人,像什么《红楼梦》里的宝玉宝二爷,《三国演义》中的关公关二爷,《水浒传》里的武松武二郎。

师妹问,那《西游记》里的二师兄呢?

小区卫士

咳了一个月,每天半夜咳醒。小区最近治安情况良好,我觉得主要是依仗我的夜半咳嗽声,起了个威慑、震吓盗贼的作用,业委会应该给我颁发一面"小区卫士"的锦旗。

如果每个小区多几个像我这样的卫士,今年建设"平安城市"的目标就可以提早实现了。

二条

散步路上碰到金胖子,昨天看到他时,两只金鱼眼还挺有神的,今天他两眼都被肉包子脸挤成一线天了。

他说自己搓了一宿麻将。难怪,昨天看到他时,两眼还像二饼,今天就成了二条。

串 词

老李一开心就唱歌，不过唱的歌常串词。他唱《小燕子》："小燕子，穿花衣，年年春天来这里，我问燕子你为啥来，燕子说，这里的……山路十八弯……"

乞喘于于

师姐的儿子，我从小看着长大，理科生，长得帅，又有趣，他说话喜欢用成语，不过，小帅哥的中文功底不好，时不时把"气喘吁吁"说成"气喘于于"，把"纨绔子弟"说成"纨夸子弟"。

师姐说这是继承她老公常读别字的衣钵。别的衣钵没继承，这个衣钵继承得最彻底。

猪头公司

唉,我现在相信了,戴眼镜的妹子真的伤不起啊,不摘眼镜还黑白分明,摘掉眼镜30米开外雌雄同体,50米开外人畜不分。

今儿个,我的眼镜拿去修了,我把《祈祷》看成了《折寿》,把猎头公司看成了猪头公司。

扎成刺猬

去做针灸和艾灸,连着几天烟熏火烤,已外焦里嫩。今儿个扎了16针,医师一顿猛夸,说我很勇敢,扎了16根针还谈笑风生。她说,那谁谁,还有谁谁谁,都是爷们,扎了一针就不敢扎了。

我这人最经不起表扬了。我问医师,你这儿还有针吗?医师说,有,还有好多,干吗?

我豪气顿生:拿来,统统给我扎上!上午不把我扎成刺猬,我不回家了!

微笑

　　大李开会发言时,发现相识或不相识的美女都朝自己微笑,觉得自己人缘特别好,魅力实在足,能力正当强,沾沾自喜。

　　中途上洗手间一照镜子,才知道自己牙缝里嵌了一条韭菜叶。

贫尼

　　师姐越来越有女人味了。读大学时,她是个假小子,开口闭口自称"老子"。结了婚后,被当大学老师的老公修理了一番,说一家不能有两个老子,从此她改称"老娘"。

　　最近,她迷上了佛教音乐,车里家里一天到晚放《心经》,开始自称"贫尼"了。

没话找话

赴饭局。饭桌上，大部分人不认识，老周为了活跃气氛，没话找话，见一个十来岁的半大孩子坐在边上，摸摸他的头，称赞了几句，然后对边上的女士说，孩子都这么大了，你看上去一点不显老。

边上的女士翻着白眼，没好气地说，我还没结婚呢。

摆平

作家刘震云说得对，人生在世，说白了也就是和七八个人打交道，把这七八个人摆平了，你的生活就会好过起来。

我一个朋友，号称能摆平一切。问他，自家老婆摆平了吗？

他沉默了良久。

这叫大炮打远不打近。

抽烟

最怕有人开会抽烟,一开会,会议室就像国清寺一样,香火缭绕,哪管美眉们捂鼻皱眉咳嗽。

他们的烟瘾说大也大,看他们的脸,被多年的烟雾熏成了三黄鸡,看他们的牙,犹如长屿硐天的旧石板。

难道他们烟瘾真的大到一刻也无法消停的地步?其实也未必。几个"老烟枪"坦言道,他们在家不抽烟。

嗬,够黑的,敢情这帮家伙专毒别人家老婆。

后来调来的一号是女性,反感抽烟。从此,会议室的烟雾没了,烟灰缸也没有了。

搭子

同事邀请老谢晚上打扑克,老谢因为不喜欢这个同事,就推辞说晚上有要紧事,去不了。结果老谢到另外一户人家那里打扑克,一进门就发现,同事老早端坐在扑克桌旁了。

怒气

有人说,男人的怒气是地雷式的,一大片空地你随便跑,但有几个点不能碰,比如他的家人、事业、名誉,一碰就炸,分分钟让你粉身碎骨。女人的怒气是后台积分式的,没到分数线前什么都看不出,其实你冷落她一次,就会加5点怒气,忘记一次她的生日,就加20点怒气,到满100点那天,她就跟你彻底翻脸。你纳闷为啥这点小事就掰了,其实是早就种下的因。

悟性很高的周晴若有所思地说:这就告诉我们,女人得善于排雷;男人得善于打俄罗斯方块。

奋不顾身的旅行

儿子说要与同学去南京玩。我妈说,酷暑高温,热煞了,还是老实待家里,等天凉下来再去吧。

我说,这点热怕什么,男伢儿不能娇气。倒是你俩,年过八旬,这么热的天,没事不要在外乱跑。

没想到老太太说:我已报了团,后天我就跟你爸去贵州看黄果树大瀑布。

有句话说,一个人的一辈子,至少要有一次奋不顾身的爱情和一场说走就走的旅行。儿子说:外公外婆没有奋不顾身的爱情,但时不时就会来一场说走就走的旅行。

断跟

苏美女穿着一双十厘米高的高跟鞋,一步三扭地走在大街上,得意地用眼角的余光接收着男人射来的火辣辣的眼光。

正挺胸收腹扭得起劲,"叭叽"一声,鞋跟断了。

不老神话

老李是江湖上的不老神话,早在30年前,他的脑袋就像智者一样思想光芒四射。据他自己交代,他30多岁时,就有小孩子冲着他喊阿公,当年他携夫人出游,人家皆以为他诱拐少女。现在他60岁了,相貌跟以前一样,没什么变化。

第一印象

刘姑娘在梳妆台前化了两小时的妆,穿着一条时髦的超短裙,打扮得漂漂亮亮,提早一个小时出门相亲,为的是给对方留下良好的第一印象。

坐下时,一低头,却看见自己的丝袜上有两个硬币大小的洞,不知什么时候刮破的。

鸟话

林总退休后,喜欢养小动物,家里的小院子里,养着乌龟、金鱼、八哥之类,除此之外,他还养过乌骨鸡、品种猫。他把八哥调教得比孩子还听话。据说,他的八哥不但会说鸟话,还会说人话,高兴时,见人就说"你好你好",生气了就骂人"狗生狗生"。

回头看

半路下起雨,老李骑着自行车不要命地跑,发现路上一个扎长辫的女郎撑着一把漂亮的花雨伞,走起路来如风摆柳枝,忍不住要回头看一眼这个"丁香般的女孩"。

一不留神,掉进大水坑,摔得够呛。

言不由衷

一家人出门散步,路上碰到老邻居。老邻居叹苦经,说自己长得太胖,怎么减肥也不见效。女主人言不由衷地说,你哪里胖,我看你身材凹凸有致,绝对是恰到好处。

孩子在旁戳穿谎言:妈妈,你昨天还说她是个肥婆来着。

红人

换工作了,买了件大红的羊毛衫,第一天到新单位上班就穿着它,想讨个好口彩,日后能成为单位的红人。没想到半路下起雨,羊毛衫被雨淋褪了色,人还没到单位,就提早成了"红人"。

凑热闹

竹介兄上班迟到了,还没进门,就听到办公室里的女同事叽叽喳喳的声音,说明天在单位统一集中,八点半准时出发。

爱凑热闹的他赶紧嚷道,我也去我也去,可别把我一人留下。

结果女同事笑弯了腰。原来明天集体去妇检。

起名

6月6日,刘小二升格当爹。向朋友征集女儿的小名,我建议小名叫:六六顺。如果觉得不够洋气,可以起个日式名字:六六大顺子!

周晴说:小孩子粉嘟嘟的,可千万别叫六六粉啊。

那肯定不行!

废气排放

某画家烟瘾真大,一边跟我谈他的艺术人生,一边一支接一支抽烟,熏得我头昏脑涨。我感觉自己不是和他谈艺术人生,而是和他谈废气排放。

计较

见到一个人,自己的孩子把别的小朋友打得鼻青脸肿,对方家长来说理,轻描淡写地说:小孩子磕磕碰碰总免不了,做大人的何必这么计较。

别人的孩子不小心把自己的孩子碰倒在地,却气呼呼地骂个不休:有娘生没娘教。

谢谢泰戈尔

学弟喜欢单位一美女,美女却对他无感。我给学弟出主意,在女孩子生日那天送上一大捧百合花,然后发一首短诗给她:"世界上最远的距离不是天涯,而是我站在你面前,你却不知道我爱你!"

几天后,学弟来报喜,说成了,要请我喝茶以表谢意。

我说不必谢,要谢就谢泰戈尔。

人坟景观

市政府边上有一个好楼盘，房子十分畅销，只剩下最后一排的最后几套了。某日几位医生来看房，售楼小姐看到医生的眼睛盯在山上的几座坟上，委婉地解释道，房子样样好，唯一不足的是靠后的一排会看到坟。

甲医生说："这几座小坟算什么，我读医科大学时，床底下就放了一箱死人骨头。"

乙医生说："我读书时，学校里搞勤工俭学，我们都去扛尸体（学校里供教学用的医学标本）挣饭钱。"

丙医生说："我工作时宿舍就在太平间隔壁，可以说天天与死人为邻。"

最后三位医生得出一个共同结论："有坟说明这里历史悠久，什么是人坟（文）景观，这就是！"

草席印

到市政府开会,主席台上坐着一排领导,其中一位领导,右脸颊上有一道清晰的印子。

坐在我旁边的女人八卦道:你瞧这印,没准是给悍妻打的。

我明察秋毫:不是,是睡午觉睡出的草席印。

好学生

崔瑛同学跟我说:虽然你现在是作家,但是我感觉你还是那个上课把脚塞进课桌,戴着耳塞摇头晃脑听音乐的王同学。

我说:这等糗事,千万别跟我儿子提起。我经常跟儿子自夸,老妈我在你这个年纪时,是那种头悬梁锥刺股,在课桌板上刻"早"字的好学生。

节 省

超市里那些濒死的生鲜，通常会被打折处理。

刘姐勤俭持家，去超市，只买这些鱼，便宜。

刘哥受不了，说，你能不能买些新鲜的鱼回来啊？

刘姐道，仰泳的鲈鱼、鲫鱼也很新鲜的，只不过换了种游法。

改 日 再 来

赵兄夫妇散步时，临时起意到一朋友家，想给他一个惊喜。门外的人寒暄的话尚未开口，但听门内的人一本正经地说："今天我们夫妻在吵架，请你们改日再来。"

赵兄夫妇瞬间石化。

差距

跟师兄阿荒聊起学车事。我说准备花三个月拿下驾照。

阿荒对此嗤之以鼻,从鼻腔里喷出一股强气流,说,我老婆四天就考下驾照,你学车要三个月!笨!

表扬完自家老婆,贬低完人家老婆,阿荒得意地总结道:女人与女人之间,差距真不是一般的大!

不过,这并不妨碍他回家后继续贬低自家老婆。这叫内外有别。

改名

有一阵子,整顿地名,不少小区被硬性改了名,我们小区原来叫"寰宇天下",因为名字过于霸气,被改成"寰宇湾"。

我朋友,温州人,他住的小区叫"曼哈顿",直接被改成"曼哈屯"。

面朝大海

　　某地是海岛城市,推出海景公寓。广告做得美轮美奂,我一时心动,也想买一套,享受面朝大海,春暖花开的度假生活。

　　打电话向当地的朋友了解,朋友说:面朝大海,风湿拄拐。

　　一句话打消了我买房的冲动。

花酒

　　胖妹妹黄皖湘盛情邀请我到衢州来,说到了衢州可以喝最烈的酒,见最胖的妞。

　　我说,我们一起,喝不了最烈的酒,只能喝最花的茶。

做核酸

　　疫情三年,经常排队做核酸。只要看到排长队,就会条件反射:又在做核酸了。

　　有一次,走到半路,看到前面有人排长队,想到核酸快过期了,赶紧排进队伍中。快轮到时,才发现,人家是排队买烤鸡。

眼花

　　张勇在我的微信朋友圈留言:有些告别,是为了再度重逢。江湖路远,以后我们可以坐着摇椅慢慢聊。

　　一时眼花,我把摇椅看成了轮椅。

门牌

某年刮台风，门口刮来一块"五好家庭"的牌子。我捡到后，一不做二不休，回家找了几根钉子，把牌子钉到自家门前。

这是天意。

风云录

丁大哥有本笔记本，名字叫"风云录"。丁太太在整理房间时发现了，她很好奇，里头有啥"风云"？

打开一看，是本扑克输赢记录本。

好嗓子

饭后去K歌,大家轮番上场。

大家笑严哥的嗓子跟公鸭似的。严哥不服,说,我以前也是金嗓子,只是这三年,核酸做多了,嗓子被捅多了。

黄金炖蛋

女友来家玩,我下厨做点心,蒸了黄精炖蛋给她喝。

女友喝了一口,觉得味道很好,问,这是啥?

我说,黄精炖蛋。

女友大惊,啥? 黄金炖蛋,你啥时变得这么有钱了?

迟钝

台湾几次发生地震,杭州都有震感。

每次大楼轻微晃动,同事们都有感觉。

唯有我,无知无觉。同事都说我是个"麻木不仁"的人。

包浆

出差宁波,与强哥见了一面,不免感叹时光催人老。

强哥说,是啊是啊,咱们脸上都有了岁月的包浆。

指正

某领导写了一篇短文,非常得意,一定要请我指正,说得很诚恳。

我这人情商比较低,见领导这么诚恳,文章看了两遍,老老实实给他指出四五处谬误。

领导有点急眼了,跟我解释了半天,他这么用词是有特殊含义的。

我忽然明白过来,他哪里是请我指导,他就是想听好话的。

从此,再也不给该领导指导文章了。

凉性循环

冷空气南下,陈姐一家都被冻感冒了。先是她老公,再是她儿子,最后是她。

陈姐自嘲说,咱家终于实现"凉性循环"了。

红包

小丁姑娘边看电视边对我感叹,你看,这个被抓获的贪官,办公室被抄,抄出好多未拆封的红包。

说完,自怨自艾道,唉,我活了二十多岁,只有蚊子给我送"红包"。

像鲁迅

小柔姑娘嫁给一位大学老师。我说,小柔,你好福气,老公像李健,儒雅又有才。

小柔打了个响鼻,笑着说,他哪里像李健,我看他像鲁迅,动不动就指出我的"劣根性"。

风湿宝地

朋友老李有田园梦,一退休就回了老家,重新装修了池塘边的老宅,装修好后,请我做客。

我看到这里青山绿水,鸡鸭欢叫,羡慕地说,你家是风水宝地啊。

老李太太嘴一撇,什么风水宝地,湿气这么重,是风湿宝地。

节水

小张是环保主义者,在家也要求妻女节约水资源。他身体力行,每次洗澡都穿着袜子。这样,澡洗完了,袜子也洗好了。

沙子

强哥说,自己年轻的时候,眼里容不下一粒沙子。现在,容得下一座沙丘。